Kim Lan Thai

Indonesisch kocnen leicht gemacht

Die besten Originalrezepte und Küchentips

Gräfe und Unzer

Titelbild
Die weltberühmte Spezialität Nasi Goreng wird von den Indonesiern gerne mit Omelettestreifen serviert (Rezept Seite 14).

2. Umschlagseite
Das pikant gewürzte Enten-Chop-Suey – hier im Wok gebraten – schmeckt zu körnig gekochtem Reis besonders gut (Rezept Seite 49).

3. Umschlagseite
Nahezu alle indonesischen Zutaten kann man heute in Kaufhäusern und asiatischen Spezialgeschäften erhalten. Eine Auswahl zeigt Ihnen das Foto hinten im Buch.

Farbfotos: Fotostudio Teubner, Füssen
Zeichnungen: Ingrid Schütz, München

Redaktion: Elisabeth Döpp, München
Umschlaggestaltung: Constanze Reithmayr-Frank
Satz und Druck: Georg Appl, Wemding
Reproduktion: Brend'amour, München
Bindung: R. Oldenbourg, Kirchheim
ISBN: 3-7742-5212-2

Dr. Kim Lan Thai
wurde in Hue (Vietnam) geboren. Seit 1965 lebt sie in Deutschland. Sie lehrt an der Universität München buddhistische und englische Philosophie. Für die asiatische Küche hat sie eine besondere Liebe bewahrt. Zu diesem Buch wurde sie von ihren deutschen Freunden angeregt, die sie bei festlichen deutsch-asiatischen Treffen mit fernöstlichen Spezialitäten bewirtet. Neben vielen Geheimtips aus der asiatischen Küche hat Frau Kim Lan Thai für diesen gemeinsam mit Frau Sian Spohn verfaßten Küchen-Ratgeber Lieblingsgerichte der Indonesier zusammengetragen. Die Autorin gibt auch Kochkurse für die asiatische Küche im Deutsch-Asiatischen Begegnungszentrum in München.

Sian Spohn
wurde in Java (Indonesien) geboren. Auch sie lebt bereits seit vielen Jahren in Deutschland. Als begeisterte Köchin verfügt sie über eine umfangreiche Sammlung von Rezepten aus ihrer Heimat. An der Münchner Volkshochschule gibt sie mit großem Erfolg Kochkurse für die indonesische Küche. Ihre kulinarischen »Selamatan«-Feste, die sie, dem indonesischen Brauch entsprechend, bei großen und kleinen Anlässen feiert, werden von ihren Freunden gerühmt.

Sie finden in diesem Buch

Sie finden in diesem Buch

Wenn nicht anders angegeben, sind alle Rezepte für 4 Personen berechnet.

Ein Wort zuvor

Die indonesische Küche ist bei uns neben der chinesischen wohl eine der bekanntesten asiatischen Küchen. Ich erinnere mich noch gut an einen älteren Herrn, der mir, einer Asiatin, vor mehr als 15 Jahren auf der Straße mit strahlendem Lächeln zunickte, den Daumen hob und sagte: »Nasi Goreng!« Damals sprach ich noch kaum Deutsch, daher blieb die Unterhaltung sehr knapp. Aber seine Mimik konnte ich genau verstehen: »Nasi Goreng schmeckt sehr gut, pikant und herzhaft.« Kein Wunder, daß Nasi Goreng als asiatische Köstlichkeit ein fester Begriff in der internationalen Küche ist.

Als ich mich vor 15 Jahren in deutschen Kaufhäusern auf die Suche nach südostasiatischen Zutaten machte, waren sie noch kaum zu finden. Nur zwischen den verschiedenen Nudel- und Reissorten leuchteten mir die bunten Aufschriften »Nasi Goreng« und »Bakmi Goreng« entgegen. Heute sind erfreulicherweise nahezu alle für die indonesische Küche erforderlichen Zutaten in den Regalen vorhanden! Denn indonesisches Essen hat sich inzwischen hierzulande eingebürgert. Vor allem junge Leute schätzen es: Es ist nicht teuer und sehr schmackhaft.

Trotzdem stelle ich immer wieder fest, daß viele meiner Freunde hier, die gerne selbst kochen, Hemmungen haben, indonesische Gerichte zuzubereiten. Fragt man sie nach dem Grund, so lautet die Antwort meistens: »Die vielen fremden Gewürze ... ich weiß nicht, was ich wo finden kann ... das mühsame Kleinschneiden ...«

Dabei ist die indonesische Küche alles andere als schwierig. Das will ich in diesem Buch mit vielen Tips und Anregungen zeigen.

Die vielen brillanten Farb- und Arbeitsfotos bieten außerdem Anregungen und Hilfe, die Zeichnungen zusätzliche Informationen.

Der Einkauf asiatischer Zutaten ist, wie gesagt, heute kein Problem mehr: In großen Kaufhäusern, Feinkost- und asiatischen Spezialgeschäften wird alles Wichtige angeboten – sogar frische Bananenblätter. Manches ist auch in Apotheken zu bekommen (siehe das Kapitel »Besondere indonesische Zutaten und Gewürze«). Wie man mit diesen Zutaten umgeht, erkläre ich am Anfang dieses Buches. Das Kleinschneiden übrigens läßt sich oft erledigen, während eine Brühe gekocht wird oder Fleisch in der Marinade liegt. Aus der Geduldsprobe wird dann ein Beruhigungsspiel.

Natürlich will ich auch zeigen, daß die indonesische Küche mehr zu bieten hat als nur Bakmi Goreng und Nasi Goreng. Ich möchte ihr breites Spektrum aufzeigen, ihre Vielseitigkeit und ihre Spannbreite. Sie reicht von einfachen Eierspeisen bis hin zu festlichen Schlemmergerichten wie Spanferkel vom Grill. In jedem Fall fehlt es nie an Feinheit und Raffinement. Charakteristisch für alle Gerichte ist: Sie sind gesund und pikant, wenig aufwendig und doch verschwenderisch.

Kim Lan Thai

Typisch für die indonesische Küche

In Indonesien hat Essen etwas mit Freude zu tun. Praktisch jedes Ereignis des Lebens kann Anlaß zu einem Essen geben. Solch eine Mahlzeit hat dann immer etwas Festliches an sich. Das bekannteste Festessen dieser Art in Indonesien heißt »Selamatan«. Es gibt 100 Anlässe, um ein »Selamatan« zu veranstalten: etwa einen guten Traum, eine bevorstehende Reise, die Heimkehr eines Verwandten oder Familienereignisse wie Geburt und Hochzeit bei Freunden und Nachbarn. Man wünscht sich mit dem Essen gegenseitig Gesundheit und Glück. Ob dabei sehr bescheiden oder üppig aufgetischt wird, spielt keine Rolle – die Teilnehmer bedenken einander stets mit vielen guten Wünschen.

So gesehen ist jedes indonesische Alltagsessen ein kleines Festessen, es bringt Freude und Harmonie in die Familie. Auch das Kochen ist für die Indonesier nicht eintönig und monoton; es macht ihnen vielmehr Spaß und wird mit großem Engagement betrieben.

Das Inselreich der Gewürze

In den Memoiren über seine Asienreise beschreibt Marco Polo im 13. Jahrhundert die Insel Java als eine sehr reiche Insel, »die Pfeffer, Muskatnuß, Galgantwurzeln, Kubebenpfeffer und Nelken hervorbringt. Sie wird von vielen Schiffen und Kaufleuten besucht, die reiche Gewinne machen . . .«

Aus den Berichten chinesischer, indischer, arabischer und anderer Reisender geht hervor, daß man auf dem Weg nach China schon früh auf dem indonesischen Archipel Station machte. Die Kaufleute zeigten sich besonders interessiert an indonesischen Gewürzen wie Muskatnuß, Gewürznelken aus den Molukken, Pfeffer aus Sumatra, an Früchten und Reis aus Java und an sonstigen Delikatessen wie Vogelnestern, Schildkröten oder wildem Honig.

Ohne Übertreibung kann man Indonesien, das aus Tausenden von Inseln besteht, als »Inselreich der Gewürze« bezeichnen.

Und Gewürze sind es auch, die den Charakter der indonesischen Küche prägen – eine Herausforderung für experimentierfreudige Köche und Köchinnen.

Geographisch gesehen besteht Indonesien aus 5 großen Inseln – Java, Kalimantan (Borneo), Sumatra, Irian Jaya (Neuguinea), Sulawesi (Celebes) – und Tausenden von kleinen Inseln, darunter Bali und Madura, die nicht nur wegen ihrer landschaftlichen Schönheit, sondern auch wegen ihrer kulinarischen Spezialitäten Aufmerksamkeit verdienen.

Die indonesische Küche besteht also praktisch aus vielen einzelnen Inselküchen. Und der jeweils spezifische Charakter dieser Küchen ist nicht zuletzt auch durch die Gewürze geprägt, die auf den Inseln angebaut werden. Unser Buch enthält vor allem reizvolle Kostproben aus den wichtigen Küchen der 5 großen Inseln und aus den Küchen von Bali und Madura. Um einen kleinen Einblick in die bunte Vielfalt zu geben, wollen wir hier einige Besonderheiten der einzelnen Inselküchen erwähnen.

Auf West-Java serviert man zum Hauptgericht viel rohes Gemüse (Lalap) mit verschiedenen Sambalspeisen. Die in ganz Indonesien beliebten Sambalsaucen werden hier besonders geschätzt, und fast jedes Gericht wird mit Sambal gewürzt.

Auf Mittel- und Ost-Java bereitet man die Speisen wieder etwas süßlicher zu; man kocht gern mit viel Zucker. Die süße Sojasauce (Kecap Manis), die eigentliche indonesische Sojasauce, ist hier die Lieblingssauce.

Auf Sumatra wird gerne sehr scharf gegessen. Auf dieser Insel wachsen ja die Pfefferpflanzen.

Auf Sulawesi sind Peperonigerichte in allen möglichen Varianten besonders beliebt, sie sind scharf, lecker und herzhaft.

Auf Bali versteht man sich gut auf die Zubereitung von Satee Babi (Schweinespießchen) und Babi Guling (Spanferkel). Hier wird viel Schweinefleisch gegessen – der Hinduismus, die Religion auf Bali, erlaubt dies; 90 Prozent der indonesischen Bevölkerung dagegen sind Gläubige des Islam und essen kein Schweinefleisch.

Für Madura sind Gerichte wie Soto Madura (Suppe auf maduranische Art, Rezept Seite 25) und gegrillte Fleischspießchen typisch.

Als traditionelles Handelsland öffnete sich Indonesien naturgemäß fremden Einflüssen. Dies schlägt sich auch in der Kochkunst nieder. Interessantes aus der chinesischen, indischen, arabischen und später auch holländischen Küche wurde übernommen. Umgekehrt wirkte Indonesisches anregend auf andere: Die Holländer etwa brachten die Reistafel nach Europa.

So sehr sich auch die einzelnen Inselküchen voneinander unterscheiden mögen: Zwei Dinge sind allen gemeinsam, zwei »bindende Saucen«, die Kokosnußsauce und die Erdnußsauce. Sie begleiten alle Gerichte »wie der Geist den Körper«.

Küchengerät – Küchentechnik

Eigentlich kann man auch mit europäischem Küchengerät indonesisch kochen. Aber es macht vielleicht Spaß und spart Zeit, mit Spezialtöpfen für asiatisches Kochen umzugehen. Die wichtigsten sind:

Ein Wok für verschiedene Gemüse- und Bratgerichte (Nasi Goreng, Bakmi Goreng). Der Wok ist eine chinesische Erfindung, ein Allzwecktopf aus Gußeisen, der ursprünglich für offenes Feuer gedacht war und daher einen runden Boden hatte. Heute ist er mit flachem Boden und sogar mit Teflon beschichtet in asiatischen Lebensmittelgeschäften erhältlich.

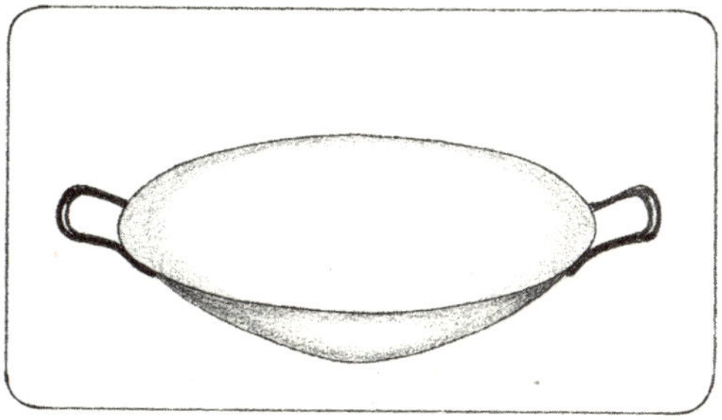

Der Wok, ein Allzwecktopf aus Gußeisen, eignet sich gut zum Braten von kleingeschnittenen Zutaten.

Ein Schmortopf, da die meisten indonesischen Gerichte geschmort werden. Es handelt sich um feuerfeste Tontöpfe oder gußeiserne Töpfe mit Deckel. Geschmort wird in der indonesischen Küche auf der Kochplatte oder auf dem offenen Feuer. Die Zutaten für die Schmorgerichte kommen stets kleingeschnitten in den Topf und werden glasig gebraten. Dann gießt man die Flüssigkeit – meist Saucen – auf und gart das Gericht bei schwacher Hitze im geschlossenen Topf.

Der Dampftopf, der in der indonesischen Küche gern und viel verwendet wird. Die Speisen kommen zum Dämpfen in zu dem gußeisernen Topf passenden Bambuseinsätze. Der Dampftopf ähnelt dem in der deutschen Küche gebräuchlichen Schnellkochtopf. Wer keinen Dampftopf oder Schnellkochtopf besitzt, kann sich auch behelfen, indem er eine feuerfeste Schüssel umgekehrt in einen Topf mit wenig Wasser stellt. Auf diese Schüssel stellt man dann eine zweite, die das Gargut enthält.

Der elektrische Nationalkochtopf, der zum Reiskochen dient. Wenn der Reis gar ist, schaltet sich der Topf automatisch aus – der Reis kann also nie anbrennen. Der Topf läßt sich auch zum Aufwärmen von Reis und anderen Gerichten verwenden. Man kann ihn auch allgemein zum Dämpfen benutzen.

Im elektrischen Nationalkochtopf kann der Reis nie anbrennen.

Ein Fritiertopf oder eine elektrische Friteuse für das Ausbacken in heißem Fett.

Ein Mörser oder ein elektrisches Mixgerät. Sambal oder Peperoni – frisch zerstoßen – geben den Gerichten ihre Würze. Die gestampften oder gemahlenen Nüsse schmecken – frisch verarbeitet – am besten.

Ein scharfes Küchenmesser, besser noch ein Hackbeil mit Hackklotz. Denn in der indonesischen Küche werden Zutaten sehr häufig kleingeschnitten oder gehackt, in Streifen oder Scheiben geschnitten. Dies gilt vor allem für Gemüse.

Vom Umgang mit den Gewürzen

Die indonesische Kochkunst basiert auf den Naturprodukten des Landes. Viele Gerichte werden einfach mit Blättern, vor allem mit Bananenblättern, umwickelt. Deshalb ist es zweckmäßig, getrocknete Bananenblätter vorrätig zu haben.

Bananenblätter sind zwar kein Gewürz im eigentlichen Sinn, sie geben aber den Gerichten ein besonderes Aroma. Bananenblätter werden zum Einwickeln von Hauptgerichten und Süßspeisen verwendet. Durch sie gewinnt das jeweilige Gericht weit mehr an Geschmack als etwa durch die in Europa verwendete Alufolie. Frische Blätter bekommt man jetzt in allen asiatischen Spezialgeschäften.

Frische Bananenblätter sind steif und sehr zerbrechlich. Um sie für das Zusammenlegen weicher zu machen, muß man sie entweder, wie es die Indonesier tun, 1 Stunde in die Sonne legen oder 15 Minuten bei 30–50° in den Backofen geben. Will man aber die grüne Farbe der Bananenblätter behalten, dünstet man sie ½ Minute in kochendem Salzwasser oder überbrüht sie kurz mit kochendem Salzwasser. So werden die Blätter weich und bleiben doch grün. Durch die Bananenblätter werden die Gerichte zwar aromatischer, aber sie verändern nicht ihren natürlichen Eigengeschmack. Trockene Bananenblätter müssen 2 Stunden in warmem Wasser eingeweicht, dann abgewaschen und mit einem Küchentuch abgetrocknet werden; man verwendet sie anschließend wie frische Bananenblätter.

Gewürze zerkleinern und verwenden: 4 Gewürze sind für die indonesische Küche charakteristisch: Zwiebel, Knoblauch, Sambal Olek (gewürzt mit frischen, gemahlenen roten Pfefferschoten) und Trasi (Shrimps- oder Krabbenpaste).

Zwiebel und Knoblauch, so erzählen die indonesischen Märchen, stammen von Sonne und Mond ab. Sie sind bei fast allen indonesischen Gerichten unentbehrlich. Meistens werden sie feingehackt und in Öl glasig oder goldbraun gebraten. Zwiebeln darf man nur mit einem Messer hacken, Knoblauch kann in einem Mörser zerdrückt oder durch eine Presse gegeben werden.

Sambal besteht aus gestoßenen oder gehackten roten Peperoni und ist sehr scharf. Es wird bei indonesischen Gerichten häufig verwendet, besonders bei den verschiedenen Reistafeln. Sambal gibt dem Reis eine rötliche Farbe. Europäer, die nicht so gerne scharf essen, können auf Sambal verzichten oder es in geringen Mengen verwenden. Die Gerichte schmecken auch ohne Sambal gut. In Indonesien wird Sambal täglich von den Köchinnen frisch im Mörser gestampft. In Europa kann man Sambal im Glas kaufen.

Es gibt 5 Sorten Sambal: Sambal Olek (mit Salz gestoßene Peperoni), Sambal Badjak (gestoßene Peperoni mit Zwiebeln, indonesischen Nüssen, Shrimpspaste, indonesischem Zitronenblatt, mit Salz vermischt und in Öl gebraten), Sambal Brandal (gestoßene Peperoni mit Shrimpspaste, Zwiebeln, Salz, javanischem Rohrzucker und Tamarinde vermischt und in Öl gebraten), Sambal Manis (stärker gesüßtes Sambal Badjak)und Sambal Trasi (Shrimpssauce aus Sambal, Salz und Shrimpspaste).

Shrimpspaste (Trasi) besteht aus in Salz eingelegten, geriebenen Krabben und hat einen sehr starken Geruch. Ein mit Shrimpspaste gewürztes Gericht bekommt einen intensiven Fischgeschmack, einen stärkeren als durch Fisch- oder Sojasauce. Europäer, die nicht daran gewöhnt sind, sollten Shrimpspaste nicht verwenden – es ist nicht erforderlich.

Kokosnußmilch, Kokosnußraspeln, Kokosnußcreme, Kokosfett: Die Saucen bei indonesischen Gerichten bestehen meistens aus Kokosnußmilch. Die Milch kann man in Europa in asiatischen Spezialgeschäften fertig in Dosen kaufen. Die eingedickte Milch wird als Kokosnußcreme bezeichnet. Sie sieht wie Margarine aus. Vor dem Gebrauch muß man sie mit heißem Wasser verdünnen.

Aus Kokosnußrapseln kann man Kokosnußmilch selbst gewinnen. So wird's gemacht: 100 g frische Kokosnußraspeln mit ⅛ l heißem Wasser oder Milch übergießen. Einige Minuten zugedeckt auskühlen lassen. Die Masse gut vermischen und durch ein Sieb oder in einem sauberen Tuch fest auspressen, bis die Milch herausquillt.

Kokosfett ist zu unterscheiden von Kokosnußcreme. Aus Kokosfett kann keine Milch gepreßt werden. Kokosfett besteht aus dem Öl des Samens der Kokospalme.

Anstelle von Kokosnußmilch oder -creme kann man auch Milch oder Sahne verwenden, allerdings büßen die Saucen dabei ihr unübertreffliches Aroma ein. Die Kokosnußsauce hat eine wunderbare Wirkung auf scharfgewürzte Gerichte: Man verspürt trotz der scharfen Zutaten nie Durst!

Gewürze schneiden: Ingwer, Galgantwurzel, Gelbwurz, Zitronengras, Zitronenblätter: Ingwer, Gelbwurz und Galgantwurzel werden geschält, in dünne Scheiben, dann in feine Streifen geschnitten. Man kann sie auch in einem Mörser zerstampfen. In Scheiben geschnitten, werden sie in Suppen mitgekocht und vor dem Servieren herausgenommen. In Form von dünnen Streifen finden sie bei Fisch- und Schweinefleischgerichten Verwendung. Zerhackt geben sie die Würze an Saucen ab. Ingwer, Galgantwurzel und Gelbwurz werden in Europa auch in Pulverform angeboten.

Das Zitronenblatt wird nach dem Waschen meistens wie ein Lorbeerblatt als ganzes Blatt gebraucht und vor dem Servieren herausgenommen. In feine Streifen geschnittene Zitronenblätter können mitgegessen werden.

Zitronengras gibt es als Wurzelstöcke, aber auch als getrocknete Halme oder in pulverisierter Form. Man gebraucht nur den dicken Teil des Halmes, zerquetscht ihn mit einem Holzklotz und schneidet ihn in dünne Ringe. Zitronengras kann mitgekocht und später herausgenommen werden.

Tamarinde wird in Europa als Musblock in der Packung angeboten. Das Tamarindenmus ist dunkelbraun, der Geschmack ist sauer, aber im Vergleich zur Zitrone etwas süßlicher. Vor der Verwendung wird das Tamarindenmus mit heißem Wasser verknetet und durchgesiebt. Man kann Tamarinde auch durch Zitrone ersetzen (weitere Informationen siehe »Besondere indonesische Zutaten und Gewürze«).

Die erste Gewürzausstattung für die indonesische Küche: Um den Freunden der indonesischen Küche die ersten Schritte zu erleichtern, schlage ich folgende Grundausstattung an Gewürzen vor: 1 Fläschchen Sambal Olek, 1 Flasche süße indonesische Sojasauce (Kecap Manis), 1 Packung Kokosnußraspeln oder 1 kleine Schachtel Kokosnußcreme, Currypulver, 1 Glas Erdnußpaste.

Indonesische Tischsitten

Alltagsessen wie Festessen (Selamatan) bestehen in Indonesien grundsätzlich aus einer Reistafel mit verschiedenen Beigaben. Das Festessen besteht aus mindestens 12 Gerichten, im Alltag beschränkt man sich auf etwa 2–3 Gerichte. Der Reis ist natürlich der Mittelpunkt eines jeden Essens.

Da das Inselreich von asiatischer (indischer, arabischer, chinesischer) und europäischer (portugiesischer, holländischer) Kultur beeinflußt wurde, nahmen die Inselbewohner auch die Eßgewohnheiten fremder Völker an. Die Indonesier chinesischer Herkunft essen mit Stäbchen. Obgleich die Holländer die Gabel nach Indonesien brachten, essen die Indonesier gerne wie die Inder mit der bloßen Hand oder mit dem Löffel. Sie benutzen keine Schalen wie die Chinesen oder Vietnamesen, sondern Teller. Es ist also weder fremdartig noch unindonesisch, wenn eine Tafel mit Gabeln, Löffeln, Tellern oder mit Schalen und Stäbchen gedeckt wird. Das Essen kann auf dem Boden, der mit indonesischen Batiktüchern dekoriert wird, oder auf einem Tisch serviert werden. Es wird folgendermaßen angerichtet: Um die große Reisschüssel in der Mitte gruppieren sich Teller und Schüsseln, gefüllt mit verschiedenen Gerichten, und kleine Schalen mit Zutaten. Das Gedeck besteht aus einem flachen und einem tiefen Teller. Als Besteck nimmt man einen Reislöffel, eine Gabel und ein Messer (oder einen Reislöffel und Stäbchen). Der tiefe Teller wird für die Hauptspeise gebraucht, der flache für die Nachspeise. Dazu trinkt man eiskaltes Wasser, Tee (heiß oder kalt) oder Bier. Der Reis wird mit dem Löffel gegessen. Man bedient sich so: Zuerst legt man den Reis auf die Mitte des Tellers, um ihn ordnet man die einzelnen Beigaben. Der Kenner wird zunächst auf seinen Löffel nur wenig Reis häufen und mit der Gabel eine bestimmte Zutat beimischen; so kann er die einzelnen Gerichte besser auskosten. Niemals dürfen alle Zutaten mit Reis vermischt werden, dann gehen unweigerlich alle Feinheiten der verschiedenen Gerichte verloren.

Ich wünsche Ihnen guten Appetit!

Die Kunst des Reiskochens

Für einen Europäer ist es wohl kaum vorstellbar, daß die Indonesier dem Reis einst eine Seele und einen Geist zugeschrieben haben. In der Hindu-Zeit hat man ihn mit dem Geist der Göttin »Dewi Sri« gleichgesetzt; aber auch heute noch bringt man ihm vor jeder Ernte Opfergaben.

Der Reis ist ein wichtiger Bestandteil des Alltags- wie des Festtagsessens. Zum Festessen gehört unbedingt ein großer konischer Reishügel in der Mitte der Tafel, »Gunungan« genannt, der den Heiligen als erstes Opfer gewidmet wird.

In Indonesien gibt es die verschiedensten Reissorten: braunen ungeschälten Reis, weißen Langkornreis (Patnareis), weißen rundkörnigen Milchreis und Klebreis (siehe »Besondere indonesische Zutaten und Gewürze«). Es ist außerordentlich wichtig, den Reis, der jeweiligen Sorte entsprechend, richtig zu kochen: Denn ein schlecht zubereiteter Reis kann auch das beste Essen verderben. Ein richtig gekochter Reis – d.h. nicht zu trocken, nicht zu weich, nicht zu wäßrig, nicht zu hart, sondern weich, körnig, saftig und locker – ist für die indonesische Küche ebenso wichtig wie das Hauptgericht. Daher zunächst einige Tips und Rezepte für die Zubereitung der verschiedenen Reissorten.

Weißer Reis

Nasi Putih

Nasi Putih wird in der Regel mit dem langkörnigen Patnareis zubereitet, man erhält dann einen lockeren Reis. Soll er jedoch fester sein, verwendet man eine Mischung (4 zu 1) aus Patna- und Milchreis.

500 g Patnareis (oder 400 g Patnareis und 100 g Milchreis · Wasser nach Bedarf

- Zubereitungszeit: 20 Minuten

So wird's gemacht: Den Reis in einem Sieb waschen, abtropfen und 5 Minuten ruhen lassen. • Den Reis in einen Topf geben und so viel Wasser zugießen, daß es einen Finger hoch über dem Reis steht. 10 Minuten im Topf ohne Deckel stark kochen lassen, bis vom Wasser nur noch Bläschen zu sehen sind. Dann den Topf zudecken. Den Elektroherd gleich auf Null, den Gasherd auf die niedrigste Stufe schalten, damit der Reis nicht anbrennt. Den Reis 5 Minuten garen lassen.

Mein Tip Pro Tasse Reis nimmt man die doppelte Menge Wasser.

Gelber Reis

Nasi Kuning

Für 4 Asiaten oder 6 Europäer

100 g frische Kokosnußraspeln · ⅜ l Wasser · 500 g Patnareis · 1 Stange Zitronengras (oder 1 Stück Zitronenschale) · 2 Eßl. Gelbwurzpulver · 3 indonesische Lorbeerblätter · 2 kleine Zwiebeln · Salz · 4 Teel. Röstzwiebeln (1 Päckchen oder selbst gemacht aus 2 Zwiebeln)

- Zubereitungszeit: 30 Minuten

So wird's gemacht: Die Kokosnußraspeln mit ⅛ l heißen Wasser übergießen, abkühlen lassen und durch ein Sieb die Milch auspressen. • Den Reis waschen und abtropfen lassen. Das Zitronengras waschen und in kürzere Stücke schneiden. • Den Reis mit der Kokosnußmilch, ¼ l Wasser, den Gewürzen und den geschälten, halbierten Zwiebeln kochen, bis die Milch verkocht ist. In einem Dampftopf (siehe Seite 7 f.) geben und 10–15 Minuten dämpfen lassen, bis der Reis gar ist. Die Lorbeerblätter, das Zitronengras und die Zwiebeln herausnehmen. • Den Reis in eine Schüssel füllen und mit Röstzwiebeln bestreuen. Heiß servieren.

Das paßt dazu: feingeschnittene Omelettestreifen, Krabbenbrot (Rezept Seite 19), Sambal Olek oder gebratene rote Peperoni, verschiedene Fleisch- und Fischgerichte mit wenig Sauce.

Variante: Wenn Sie bei diesem Rezept das Gelbwurzpulver weglassen, erhalten Sie einen sehr aromatischen Weißen Reis (Nasi Gurih).

Dämpfen kann man auch in einem einfachen Kochtopf. Man gibt das Gargut in eine feuerfeste Schüssel, die man auf eine umgekehrt in wenig Wasser stehende zweite Schüssel stellt.

Indonesische Klebreisplatte

Lemper Ketan
Bild Seite 17

Die Klebreisplatten können kalt oder warm gegessen werden. Sie eignen sich ausgezeichnet für ein Picknick. Sie gelten in Indonesien als Delikatesse.

500 g Klebreis · 2 Hühnerbrüstchen von je 130 g · Salz · Pfeffer · 4 Knoblauchzehen · 3 Zitronenblätter · 4 Kemirinüsse · 2 Eßl. Sonnenblumenöl · ½ Teel. Glutamat · 1 Stange Zitronengras · ½ Teel. Kreuzkümmelpulver · 1 Eßl. Korianderpulver · Kokosnußmilch aus 200 g Kokosnußcreme und ⅛ l heißes Wasser · 1 Bananenblatt oder Alufolie

- Zubereitungszeit: 1 Stunde 45 Minuten

So wird's gemacht: Den Klebreis waschen, abtropfen lassen und gut 1 Stunde ruhen lassen. • Die Hühnerbrüstchen mit Salz und Pfeffer einreiben, in eine feuerfeste Schüssel geben und 20 Minuten im Dampftopf (siehe Seite 7 f.) garen. Abkühlen lassen und in dünne Scheiben schneiden. Die Brühe aufheben. • Die geschälten Knoblauchzehen und die gewaschenen Zitronenblätter feinschneiden. Die Kemirinüsse im Mörser zerstoßen. • Das Sonnenblumenöl in einer Pfanne erhitzen. Die Knoblauchscheibchen glasig braten. Die Hühnerbrüstchen mit ½ Teelöffel Pfeffer, den gewaschenen Zitronenblättern, dem sauber geputzten und in kurze Stücke geschnittenen Zitronengras, den Kemirinüssen, dem Glutamat, dem Kreuzkümmel und dem Korianderpulver zugeben. Die Kokosnußcreme mit dem heißen Wasser zu Kokosnußmilch verdünnen und die Hälfte davon zu den Hühnerbrüstchen in die Pfanne geben. Die beim Dämpfen gewonnene Hühnerbrühe hinzufügen. Alles bei schwacher Hitze schmoren lassen, bis die Sauce dick wird. Vom Herd nehmen. • Den Klebreis im Dampftopf 15 Minuten dämpfen. Dann den Reis mit dem Rest der Kokosnußmilch übergießen, gut umrühren und weitere 15 Minuten dämpfen, bis der Reis gar ist. • Das Bananenblatt waschen und 1 Minute in kochendem Wasser blanchieren. Das Bananenblatt oder die Alufolie auf ein Holzbrett legen. Die Hälfte vom Reis so in der Mitte daraufstreichen, daß ein breiter Rand bleibt. Das Hühnerfleisch auf dem Reis verteilen und die andere Hälfte Reis über das Fleisch geben. Das Bananenblatt oder die Alufolie übers Eck zusammenlegen. Die Pakkung zwischen Holzbretter legen und zusammenpressen.

Das paßt dazu: Salat, Krabbenbrot (Rezept Seite 19) und Erdnußpaste (siehe »Besondere indonesische Zutaten und Gewürze«).

Mein Tip Die indonesische Hausfrau formt die Klebreisplatten gerne besonders dekorativ. Sie gibt ihnen vor dem Pressen etwa eine Herz- oder Blütenform. Die Klebreisplattenherzen und -blüten werden dann noch mit Blütenblättern aus Möhren oder Salatgurken verziert.

Gedämpfter Reis

Nasi Kukus

Für 4 Asiaten oder 6 Europäer

500 g Patnareis · Wasser · frische Bananenblätter oder Alufolie

- Zubereitungszeit: 25 Minuten

So wird's gemacht: Den Reis waschen, bis das Wasser klar bleibt. 5 Minuten ruhen lassen. • Den Reis in den Siebeinsatz eines Dampftopfes (siehe Seite 7 f.) geben. Hat der Einsatz größere Löcher, legt man ihn mit gewaschenen Bananenblättern oder Alufolie aus, dann erst gibt man den Reis hinein. Den Dampftopf zwei Finger breit mit Wasser füllen. Das Wasser zum Kochen bringen. Den Reis 15–20 Minuten im Dampftopf dünsten. Nach 10 Minuten kontrollieren, ob der Reis nicht zu trocken wird. Notfalls einige Tropfen Wasser zufügen. Beim Dämpfen kann der Reis weder zu weich werden noch anbrennen. Zur Garprobe zerdrückt man ein Reiskorn zwischen den Fingern: Ist der innerste Kern weiß und hart, muß der Reis noch weiter gedämpft werden.

Mein Tip Statt den Reis zu waschen, kann man ihn auch in einem Topf mit viel Wasser 5 Minuten kochen. Dann das Ganze durchsieben, den Reis in den Dampftopf geben und weitere 15 Minuten dämpfen. Diese Methode verhindert, daß der Reis zu trocken wird.

Reistafeln und bunt gemischte Salate sind nicht nur auf allen indonesischen Inseln, sondern auch in aller Welt wegen ihres herzhaften Geschmacks beliebt. Die nachfolgenden Gerichte eignen sich besonders gut für den Einstieg in die indonesische Küche. Man kann mit ihnen die Familie erfreuen wie auch seine Gäste – und sie gelingen immer.

Schweinefleisch in Sojasauce

Babi Kecap

500 g Schweinebauch (vom Metzger in Scheiben schneiden lassen) · 300 g Schweinefilet · 3 Knoblauchzehen · 3 grüne Peperoni · 3 Eßl. Öl · 1½ Eßl. Ngo-Huang-Gewürzmischung · 3 Sternanis · 5 Eßl. süße indonesische Sojasauce (siehe »Besondere indonesische Zutaten und Gewürze«) · Salz · Pfeffer · 1 Eßl. Zucker · ½ Teel. Glutamat

- Zubereitungszeit: 1 Stunde

So wird's gemacht: Den Schweinebauch und das Schweinefilet in mundgerechte Stücke schneiden. Die Knoblauchzehen schälen und feinhacken, die Peperoni waschen, entkernen und in dünne Ringe schneiden. • Das Öl in einem Topf erhitzen. Die Schweinebauchstücke bei mittlerer Hitze unter ständigem Rühren halb gar braten. Dann das Schweinefilet hinzugeben und 5 Minuten braten. Die Ngo-Huang-Gewürzmischung, den Sternanis und die süße indonesische Sojasauce gut untermischen. Den Bratfond – wenn nötig – mit etwas Wasser auffüllen. Mit Salz, Pfeffer, Zucker und Glutamat abschmecken. • 30 Minuten schmoren lassen. Ab und zu umrühren, bis die flüssige Sauce dunkelbraun und ölig eingedickt ist und die Fleischstücke die dunkle Farbe der Sauce angenommen haben. Dann die Fleischstücke noch 1 Minute in der Sauce schmoren lassen. • Das Gericht vom Herd nehmen und mit den Peperoniringen bestreuen.

Das paßt dazu: Reis und Gurkensalat oder Essiggurken.

Gebratener Reis

Nasi Goreng

Titelbild und Bild Seite 18

300 g Patnareis · 1 große Zwiebel · 2 Knoblauchzehen · 300 g Rindfleisch · 300 g Schweinefleisch · 300 g Hammel- oder Lammfleisch · 2 Eier · Salz · 2 Eßl. Butter · Pfeffer · 2 Eßl. neutralschmeckendes Öl · 1 Teel. Sambal Olek · 2 Eßl. süße indonesische Sojasauce (siehe »Besondere indonesische Zutaten und Gewürze«) · ½ Teel. Glutamat · 4 dünne Scheiben gekochter Schinken

- Zubereitungszeit: 40 Minuten

So wird's gemacht: Den Reis festkörnig kochen. • Die Zwiebel und die Knoblauchzehen feinhacken. Das Fleisch in dünne Streifen (2 cm lang und 1 cm breit) schneiden. • Für die Omeletten in einer heißen Pfanne je 1 Eßlöffel Butter zerlassen. • Die Eier mit Salz und Pfeffer verquirlen. 2 Omeletten herstellen. Auch diese in Streifen schneiden. • Das Öl in der Pfanne erhitzen und die Knoblauch- und

Zwiebelstückchen darin glasig rösten. • Die Fleischstreifen zufügen und 15 Minuten anbraten. Mit Sambal Olek würzen. Den gekochten Reis mit einem Holzlöffel lockern und unter das Fleisch rühren. Mit der Sojasauce, dem Glutamat und Salz abschmecken. Bei mittlerer Hitze den Reis goldgelb braten. Den gebratenen Reis in eine Schüssel geben. Mit Schinken- und Omelettstreifen bunt garnieren.

Das paßt dazu: Gemischter Salat, Essiggurken und Krabbenbrot (Rezept Seite 19).

Mein Tip Man kann Nasi Goreng auch mit gedünstetem Gemüse – mit Lauchzwiebelringen oder roten Paprikaschotenstreifen – anreichern. Statt Omelettestreifen kann man Spiegeleier servieren.

Wichtig: Der gekochte Reis für ein Nasi Goreng muß fest und körnig sein. Am besten kocht man ihn einen Tag zuvor, lockert ihn und stellt ihn kühl. So zubereitet, wird er beim Braten nicht klebrig – wenn man ihn gleich heiß aus dem Kochtopf nimmt und anbrät, besteht dieses Risiko.

Gado-Gado-Salat

Gado-Gado
Bild Seite 27

Für einen Gado-Gado-Salat kann man alle möglichen Gemüsesorten verwenden – je nach dem Angebot der Saison: Weißkohl, Gurken, Kopfsalat, Eissalat, grüne Bohnen, frische Sojabohnenkeimlinge, Spinat, Kohlrabi, Erbsen, Chicorée oder Möhren.

250 g Weißkohl · 250 g junger Spinat · 250 g frische Sojabohnenkeimlinge · 3 mittelgroße Kartoffeln · 250 g Maiskörner aus der Dose · 4 hartgekochte Eier
Für die Gado-Erdnußsauce: ¼ l heißes Wasser · 500 g Erdnußpaste (siehe »Besondere indonesische Zutaten und Gewürze«) · 1 Eßl. Sambal Olek · ½ Teel. Glutamat · 1 Prise Salz · 1 Prise Zucker · Saft von 1 Zitrone · 2 Stücke Sojabohnenquark · 4 Teel. Röstzwiebeln (1 Päckchen oder selbst gemacht aus 2 Zwiebeln, Rezept Seite 31)

• Zubereitungszeit: 1 Stunde 25 Minuten

So wird's gemacht: Den Weißkohl von den äußeren Blättern befreien, zerteilen und den Strunk entfernen. Den Weißkohl waschen und in feine Streifen schneiden. Den Spinat verlesen und waschen. Die Sojabohnenkeimlinge waschen und abtropfen lassen. • Weißkohl, Spinat und Sojabohnenkeimlinge nacheinander in kochendem Wasser 3 Minuten blanchieren. • Die Kartoffeln in der Schale 25 Minuten kochen, dann pellen und in dünne Scheiben schneiden. • Die Maiskörner abtropfen lassen. • Die geschälten hartgekochten Eier sechsteln. • Für die Sauce das Wasser in einem Topf zum Kochen bringen. Dann die Hitze reduzieren. Die Erdnußpaste auseinandernehmen, in das Wasser geben und ständig umrühren, bis eine dicke Sauce (von der Beschaffenheit eines Pfannkuchenteigs) entsteht. Mit Sambal Olek, Glutamat, Salz, Zukker und Zitronensaft abschmecken. • Kurz vor dem Servieren das Gemüse in eine Tonschüssel geben. Mit ⅔ der Sauce gut vermischen. • Das Gemüse auf einer großen Platte

Die Klebreisplatte gilt in Indonesien als Delikatesse. Sie wird bevorzugt bei festlichen Gelegenheiten serviert (Rezept Seite 12). ▷

anrichten. Mit dem gewürfelten Sojabohnenquark, den Kartoffelscheiben und den Eisechsteln garnieren. Den Rest der Sauce darübergießen. Mit Röstzwiebeln bestreuen.

Das paßt dazu: Nuß- und Krabbenbrot (siehe »Besondere indonesische Zutaten und Gewürze« und Rezept Seite 19).

Mein Tip Den Salat erst kurz vor dem Servieren mischen, sonst bildet sich zuviel Wasser.

Chinesische Nudeln auf indonesische Art

Bakmi Goreng

4 l Wasser · 400 g frische chinesische Nudeln (oder getrocknete) · 300 g Schweinefleisch (Halsgrat oder Schulter) · 2 Knoblauchzehen · 1 große Zwiebel · 1 Bund Lauchzwiebeln (mit Lauchstengeln oder 1 Bund Schnittlauch und 1 große Zwiebel) · 200 g frische Sojabohnenkeimlinge · 4 Scheiben gekochter Schinken · 1 Bund Korianderblätter (oder Petersilie) · 2 Eßl. Butter · 2 Eier · Pfeffer · 4 Eßl. Öl · 200 g frische, geschälte Krabben (oder aufgetaute, tiefgefrorene) · 3 Eßl. süße indonesische Sojasauce und 3 Eßl. helle chinesische Sojasauce (beides siehe »Besondere indonesische Zutaten und Gewürze« · ½ Teel. Glutamat · 4 Teel. Röstzwiebeln (1 Päckchen oder selbst gemacht aus 2 Zwiebeln, Rezept Seite 31)

● Zubereitungszeit: 1 Stunde 30 Minuten

So wird's gemacht: Das Wasser mit Salz in einem großen Topf zum Kochen bringen. Die Nudeln darin 2 Minuten kochen, durchsieben und mit kaltem Wasser abschrecken. (Bei getrockneten Nudeln die Gebrauchsanweisung auf der Packung beachten). Das Schweinefleisch in dünne Streifen schneiden. Die geschälten Knoblauchzehen und Zwiebeln feinschneiden. Die Lauchzwiebeln putzen (Wurzeln entfernen), waschen und samt Lauchstengeln kleinschneiden. Die Sojabohnenkeimlinge waschen und abtropfen lassen. Den gekochten Schinken in dünne Streifen schneiden. Die Korianderblätter oder die Petersilienblätter waschen. • Für die Omeletten in einer heißen Pfanne je 1 Eßlöffel Butter zerlassen. Die Eier mit Salz und Pfeffer verquirlen. 2 Omeletten herstellen. Diese in dünne Streifen schneiden. • Das Öl im Wok (siehe Seite 7) erhitzen. Die Knoblauch- und Zwiebelstückchen darin braten, bis sie gar sind. Die Nudeln, die Krabben, die Sojabohnenkeimlinge und die kleingeschnittenen Lauchzwiebeln samt Lauchstengeln hineingeben. Alles unter Rühren braten. Mit süßer indonesischer Sojasauce und heller chinesischer Sojasauce würzen. Mit Salz, Pfeffer und Glutamat abschmecken. Noch 1 Minute anbraten. • Die Nudeln auf einen vorgewärmten Teller legen. Mit Schinken- und Omelettestreifen, Röstzwiebeln und Korianderblättern oder Petersilienblättern bestreuen.

Das paßt dazu: Krabbenbrot (Rezept Seite 19) und grüner Salat oder gemischter Salat je nach Saison.

◁ Nasi Goreng mit Spiegelei ist bei Europäern beliebt (Rezept Seite 14).

Kleine Vorspeisen

Nicht die großen Braten, sondern die kleinen leckeren Speisen sind in Indonesien beliebt. An ihnen erprobt die Köchin ihr ganzes Können. Sie werden nach indonesischer Tischsitte, die keine strenge Menüfolge kennt, als Vorspeise gereicht oder zwischen zwei würzigen Hauptgerichten serviert. Ist eine solche kleine Speise erst einmal auf dem Tisch, begleitet sie das gesamte Essen bis zum Ende.

Krabbenbällchen

Udang Goreng
Bild Seite 28

500 g frische Krabben (oder aufgetaute, tiefgefrorene) · Salz · Pfeffer · 125 g Weizenmehl · 125 g Maismehl (ersatzweise Kartoffelmehl) · ½ Teel. Backpulver · ⅛ l Wasser · ¼ l geschmacksneutrales Fritieröl

- Zubereitungszeit: 1 Stunde

So wird's gemacht: Die Krabben trockentupfen, mit Salz und Pfeffer würzen und 10 Minuten ruhen lassen. • Für den Ausbackteig das Weizenmehl, das Maismehl und das Backpulver in eine Schüssel geben und mit dem Wasser zu einem recht flüssigen Teig verrühren. Mit 1 Prise Salz würzen und im Kühlschrank 30 Minuten quellen lassen. • Das Öl in einer Friteuse erhitzen. • Die vorbereiteten Krabben mit dem Teig vermischen und löffelweise im heißen Öl schwimmend zu Bällchen ausbacken.

Das paßt dazu: Weißer Reis (Rezept Seite 11), gemischter Salat und Pangsit-Goreng-Sauce Nr. 2 (Rezept Seite 58).

Mein Tip Man kann 1–2 Eiweiße steif schlagen und unter den Teig heben. Die Bällchen werden dann fester.

Krabbenbrot

Krupuk Udang

Krabbenbrot richtig zu backen, ist nicht schwer. Aber man braucht dazu bestimmte Handgriffe, damit das Krabbenbrot nicht verbrannt, zäh oder ölig schmeckt. Es muß knusprig sein.

500 g Krabbenbrot (1 Packung Krupuk Udang) · ½ l Sonnenblumenöl

- Zeit zum Erwärmen: 2 Stunden
- Zubereitungszeit: 20 Minuten

So wird's gemacht: Vor dem Braten die Krabbenbrotstücke (Krupukstücke) im Backofen bei 50° 2 Stunden wärmen. • Das Öl in einem größeren Topf erhitzen. Der Durchmesser des Topfes muß doppelt so groß sein wie der der Krabbenbrotstücke, denn sie gehen im Öl auf und verdoppeln ihren Umfang. Das Öl nicht zu heiß werden lassen. Die Krupuks hintereinander hineinlegen und schwimmend backen. Mit 2 Holzlöffeln jeweils beide Seiten des Krabbenbrotes halten, damit es nicht einrollt. Wenn die Krabbenbrote hellbraun werden, herausnehmen und auf einem Sieb mit saugfähigem Küchenkrepp abtropfen lassen. Heiß oder kalt servieren.

Gebackene Fledermäuse (Maultaschen)

Pangsit Goreng

3 Knoblauchzehen · 500 g gemischtes Hackfleisch · 1 Ei · 1 Teel. Glutamat · Salz · Pfeffer · 1 Päckchen Wan-Tan-Teig (60–100 Stück) oder 500 g Strudelteig (Fertigprodukt) · ½ l Fritieröl

- Zubereitungszeit: 1 Stunde 30 Minuten

So wird's gemacht: Die geschälten Knoblauchzehen feinhacken. Mit dem Hackfleisch, dem Ei und dem Glutamat mischen. Mit Salz und Pfeffer abschmecken. • Je ½ Teelöffel der Füllung auf eine Wan-Tan-Teigplatte geben oder auf den ausgerollten, 6 mal 14 cm groß ausgeschnittenen Strudelteig legen. Die Kanten mit etwas Wasser bestreichen und gut zusammendrücken. Versuchen Sie, die Gestalt einer Fledermaus zu formen. Auch andere Figuren sind möglich. • Das Öl in einem Fritiertopf erhitzen. Die Pangsits schwimmend bei mittlerer Hitze goldbraun backen. Auf Küchenkrepp abtropfen lassen.

Mein Tip Die Wan-Tan-Teig-Platten sind im indonesischen Spezialgeschäft fertig zu bekommen. Eine Packung von 500 g besteht aus 60–100 Platten. Wenn man nur ⅓ davon verwendet (zum Beispiel für Maultaschensuppe, Rezept Seite 25) kann man den Rest tiefgefroren aufheben. Es ist aber weniger zeitraubend, wenn man alle 60–100 Maultaschen auf einmal zubereitet und sie dann portionsweise als Vorspeise oder als Einlage für eine Suppe verwendet.

Das paßt dazu: Als Vorspeise serviert die Pangsit-Goreng-Sauce Nr. 1 (Rezept Seite 58), als Hauptgericht die Pangsit-Goreng-Sauce Nr. 2 (Rezept Seite 58), Reis und Salat.

Gebackene Krabben

Udang Gimbal

200 g geschälte frische Krabben · 200 g frische Sojabohnenkeimlinge · 2 Knoblauchzehen · 3 mittelgroße Stangen Lauch/Porree · 2 Eier · 125 g Mehl · Wasser nach Bedarf · ½ Teel. Glutamat · Salz · Pfeffer · ¼ l Fritieröl

- Zubereitungszeit: 50 Minuten

So wird's gemacht: Die Krabben, die gewaschenen Sojabohnenkeimlinge und die geschälten Knoblauchzehen kleinhacken. Von den Lauchstangen die dunkelgrünen Blattspitzen großzügig entfernen, die Stangen waschen, putzen und feinschneiden. • Aus den Eiern, dem Mehl und etwas Wasser einen Pfannkuchenteig rühren. Die feingehackten und -geschnittenen Zutaten daruntermischen. Den Teig mit Glutamat, Salz und Pfeffer abschmecken. • Das Fritieröl erhitzen. Den Teig löffelweise im heißen Öl goldbraun und knusprig braten. Heiß servieren.

Das paßt dazu: Salat und Bier oder Wein.

Mein Tip Sie können auch tiefgefrorene Krabben verwenden. Diese müssen Sie dann vor der Verwendung 2 Stunden zugedeckt auftauen lassen.

Frühlingsrolle auf indonesische Art

Lumpia
Bild Seite 46

8 Platten Strudelteig (Fertigprodukt) · 5 Morcheln · 100 g frische Sojabohnenkeimlinge (oder aus der Dose) · 1–2 Möhren · 1 große Zwiebel · 250 g Hackfleisch · 1 Ei · 2–3 Eßl. helle chinesische Sojasauce · Salz · Pfeffer · ½ l geschmacksneutrales Fritieröl

- Zubereitungszeit: 1 Stunde

So wird's gemacht: Die Strudelteigplatten nach Packungsvorschrift behandeln und auf einer bemehlten Arbeitsfläche hauchdünn ausrollen. • Für die Füllung die Morcheln in warmem Wasser 10 Minuten einweichen. Dann in einem Sieb abtropfen lassen, gründlich waschen, entstielen und in feine Streifen schneiden. Die Sojabohnenkeimlinge waschen. Die Möhren und die Zwiebel schälen und feinhakken. Alles mit dem Hackfleisch und dem Ei in einer Schüssel gut vermischen. Mit der Sojasauce, Salz und Pfeffer abschmecken. • Die Füllung mitten auf die Teigblätter geben. Bei jedem Teigblatt die seitlichen und oberen Ränder mit Wasser bestreichen, dann zunächst das untere Ende über die Füllung klappen, anschließend die Seiten übereinander und zuletzt das obere Ende darüberklappen. • Die Frühlingsrollen nacheinander im heißen Öl schwimmend backen.

Das paßt dazu: Kopfsalat, chinesische helle Sojasauce, Sambal Olek und etwas Zitronensaft. Man rollt die Frühlingsrollen jeweils in ein großes Salatblatt, und jeder würzt auf seinem Teller mit den Geschmackszutaten nach Belieben.

Mais-Frikadellen

Bawan Jaging

240 g Maiskörner aus der Dose · 100 g frische, geschälte Garnelen (oder aufgetaute, tiefgefrorene) · 3 Knoblauchzehen. · 4 Stangen Bleichsellerie mit Blättern · 2 Eier · 8 Eßl. Weizenmehl · 2 Eßl. Wasser · Salz · ½ Teel. Glutamat · ½ Teel. Korianderpulver · ¼ l Öl

- Zubereitungszeit: 40 Minuten

So wird's gemacht: Die Maiskörner, die Garnelen und die geschälten Knoblauchzehen feinhacken. Die gewaschenen Selleriestangen und -blätter feinschneiden. • Die Eier mit dem Mehl und dem Wasser verquirlen und mit den zerkleinerten Zutaten zu einer dicken Paste verrühren. Mit Salz, dem Glutamat und dem Korianderpulver abschmecken. Aus diesem Teig Frikadellen formen. • Das Öl in einer Pfanne erhitzen, die Frikadellen hineingeben und goldgelb braten. • Beim Herausnehmen das Fett auf Küchenkrepp abtropfen lassen, dann servieren.

Suppen wie wir sie mögen

Auf den Gewürzinseln gehört eine heiße Suppe zu jeder Mahlzeit: zum Frühstück als kraftvoller Auftakt, zum Mittagessen als Hauptgericht und zum Abendessen als Stärkung. Jede Insel hat eine spezielle Suppengewürzmischung entwickelt, so daß man den Suppen immer wieder eine neue geschmackliche Note verleihen kann – je nachdem, welche Gewürzmischung man verwendet. Für Suppenfreunde lohnt es sich also, möglichst viele solcher speziellen Gewürzmischungen zu erwerben.

Ochsenschwanzsuppe

Sop Buntut

1 kg Ochsenschwanz (in Stücke geschnitten) · 2 l Wasser · Salz · 3 Möhren · 4 Tomaten · 3 Stangen Bleichsellerie mit Blättern · 2 große Zwiebeln · 4 Eßl. Tomatenketchup · Pfeffer · ½ Teel. Glutamat · 1 Teel. geriebene Mußkatnuß · 2 Eßl. Butter · 1 Eßl. Sherry

● Zubereitungszeit: 2 Stunden 15 Minuten

So wird's gemacht: Die Ochsenschwanzstükke waschen, im Salzwasser aufsetzen und in 2 Stunden weich kochen. • Die Möhren schälen und in dicke Streifen schneiden. Die gewaschenen Tomaten vierteln. Die Bleichselleriebätter und -stangen waschen, die Stangen in 3 cm lange Stücke schneiden. Die geschälten Zwiebeln in dünne Ringe schneiden. • Nach 1½ Stunden Kochzeit das kleingeschnittene Gemüse (ohne die Zwiebeln) und das Tomatenketchup in die Suppe geben. Weitere 30 Minuten kochen lassen. Mit Salz, Pfeffer, Glutamat und der Muskatnuß abschmekken. • Vor dem Servieren das Fleisch vom Schwanzknochen lösen, in kleine Würfel schneiden und zurück in die Suppe geben. • In einer Pfanne die Butter erhitzen, die Zwiebeln darin goldbraun braten und in die Suppe rühren. Mit dem Sherry verfeinern. Heiß servieren.

Glasnudelsuppe

Sop Soeoen

500 g frische Schweinerippchen · 250 g Hühnerklein · 2 l Wasser · Salz · 100 g Glasnudeln · 25 g getrocknete Morcheln · 300 g gemischtes Hackfleisch. · Pfeffer · ½ Teel. Glutamat · 2 Knoblauchzehen · 1 daumendickes Stück frische Ingwerwurzel · 1 Bund Lauchzwiebeln (mit Lauchstengeln oder 1 Bund Schnittlauch) · 2 Eier · 4 Eßl. helle chinesische Sojasauce (siehe »Besondere indonesische Zutaten und Gewürze«)

● Zubereitungszeit: 1 Stunde 15 Minuten

So wird's gemacht: Die Schweinerippchen und das Hühnerklein waschen, mit Salzwasser 1 Stunde kochen. • Die Glasnudeln und die Morcheln getrennt in heißem Wasser 10 Minuten einweichen. • Das Hackfleisch mit Salz, Pfeffer, dem Glutamat und den geschälten und gehackten Knoblauchzehen vermischen. Fleischbällchen daraus formen. • Die eingeweichten Morcheln gründlich putzen, entstielen und in dünne Streifen schneiden. Die Glasnudeln in kleine Stückchen, das geschälte Ingwerstück in Scheiben schneiden. Die Lauchzwiebeln putzen (Wurzeln abschneiden), samt den Lauchstengeln waschen, schälen und in feine Ringe schneiden. • Die Schweinerippchen und das Hühnerklein aus der Brühe nehmen, die Brühe zum Kochen bringen. Die Ingwerscheiben und die Lauchzwiebelringe und die Morcheln hineingeben und 15 Minuten kochen. • Das Fleisch von den Knochen lösen, in dünne Streifen schneiden und in die Brühe geben. Die Hackfleischbällchen und die Glasnudeln zufügen. Die Brühe so lange kochen, bis die Bällchen gar sind. • Zum Schluß die Eier verquirlen und in der kochenden Suppe verrühren. Mit Sojasauce, Salz und Pfeffer abschmecken. Die Lauchzwiebelringe darüberstreuen.

Mein Tip Die Glasnudeln sollen nicht zu sehr aufgehen oder verkochen. Sie dürfen erst 5 Minuten vor dem Servieren in die kochende Suppe gegeben werden.

Schanghai-Suppe

Sop Schanghai

250 g Hühnerklein · 500 g Suppenknochen · 2 l Wasser · Salz · 3 Möhren · 100 g Glasnudeln · 25 g getrocknete Morcheln · 2 Knoblauchzehen · 1 Bund Lauchzwiebeln (mit Lauchstengeln oder 1 Bund Schnittlauch und 1 große Zwiebel) · 500 g Hackfleisch · 120 g frische, geschälte Krabben (oder aufgetaute, tiefgekühlte) · 3 Eßl. Sesamöl · 3 Eßl. Sonnenblumenöl · Pfeffer · ½ Teel. Glutamat

• Zubereitungszeit: 1 Stunde 15 Minuten

So wird's gemacht: Das Hühnerklein und die Suppenknochen mit Salzwasser aufsetzen und 1 Stunde kochen. Die Möhren schälen, würfeln und nach 40 Minuten in die Brühe geben. • Die Glasnudeln und die Morcheln getrennt in warmem Wasser etwa 10 Minuten einweichen. In einem Sieb abtropfen lassen. Die Morcheln ganz gründlich waschen und entstielen, dann in feine Streifen schneiden. Die Glasnudeln in kurze Stücke schneiden. Die Knoblauchzehen schälen und ganz fein hacken. Die Lauchzwiebeln putzen (Wurzeln entfernen), waschen und in feine Ringe schneiden. Die Lauchstengel waschen und in größere Stücke schneiden und zurückbehalten. Alle übrigen Zutaten mit dem Hackfleisch und den Krabben in eine Schüssel geben, mit dem Sesamöl und dem Sonnenblumenöl gut vermischen. Mit Salz, Pfeffer und dem Glutamat abschmecken. • Größere Fleischbällchen daraus formen. • Die Brühe abschmecken und durchsieben. Das Hühnerklein entbeinen, in mundgerechte Bissen schneiden und zurück in die Brühe geben und diese aufkochen lassen. Die Fleischbällchen zugeben und 15 Minuten ziehen lassen. Vor dem Servieren den Lauch hinzufügen. Heiß servieren.

Mein Tip Soll die Brühe ganz klar sein, läßt man die Knochen einmal stark aufkochen, schüttet das Wasser ab und füllt den Topf nochmals mit den Knochen und mit neuem kaltem Wasser. Bei mittlerer Hitze die Brühe etwa 40 Minuten kochen lassen. Nicht vergessen: Die Brühe nicht zu stark aufkochen, sonst wird sie trüb!

Hühnersuppe mit Glasnudeln

Soto Ajam

1 Brathähnchen von 1 kg · 1 l Wasser · 1 Teel. Soto-Ajam-Gewürz · 20 g frische Erdnüsse · 2 Eßl. Sonnenblumenöl · Salz · Pfeffer · 250 g frische Sojabohnenkeimlinge · 50 g Glasnudeln · 6 Sellerieblätter vom Bleichsellerie · 3 hartgekochte Eier · 1 Zitrone · gekochter Reis von 300 g Patnareis · 4 Teel. Röstzwiebeln (1 Päckchen oder selbst gemacht aus 2 Zwiebeln, Rezept Seite 31)

● Zubereitungszeit: 1 Stunde 10 Minuten

So wird's gemacht: Das Hähnchen in 4 oder 8 Stücke zerteilen, dann ins kochende Wasser legen. Das Soto-Ajam-Gewürz mit 3 Eßlöffeln Wasser vermischen. Die geschälten Erdnüsse im Mörser zerstoßen und zufügen. • Das Öl in einer kleinen Pfanne erhitzen, das Soto-Ajam-Gewürz und die zerstoßenen Erdnüsse darin kurz anbraten und dann in den Hähnchentopf geben. Das Hähnchen bei mittlerer Hitze garen. Die Brühe mit Salz und Pfeffer abschmekken. • Inzwischen die Sojabohnenkeimlinge waschen, in einem Sieb mit kochendem Wasser übergießen, abtropfen lassen und auf einen Teller geben. • Die Glasnudeln 2 Minuten in kochendem Wasser einweichen, abtropfen und in kurze Stücke schneiden. Die Sellerieblätter putzen, waschen und in feine Streifen schneiden. Die hartgekochten geschälten Eier vierteln. Das gekochte Hähnchen vom Knochen lösen, das Fleisch in Streifen schneiden oder zerteilen. Die Zitrone vierteln. • Die Brühe als Hauptgericht mit heißem Reis servieren. Dazu den Reis in eine Reisschale geben, darüber die angedünsteten Sojabohnenkeimlinge, die Glasnudeln, die Fleisch- und Selleriestreifen und die Eiviertel garnieren. In die Mitte die Röstzwiebeln und Zitronenviertel geben. Die heiße Brühe darübergießen und servieren.

Das paßt dazu: Krabbenbrot (Rezept Seite 19) und etwas Sambal, extra gereicht auf einem kleinen Teller.

Suppe mit gefülltem Sojabohnenquark

Sop Tahu Bakso

250 g Hühnerklein · 1 l Wasser · Salz · Pfeffer · 1 Teel. Glutamat · 2 Knoblauchzehen · 100 g gemischtes Hackfleisch · 1 Ei · 250 g Sojabohnenquark und 300 g Rindfleischbällchen (beides siehe »Besondere indonesische Zutaten und Gewürze«) · ½ Bund Lauchzwiebeln (mit Lauchstengeln oder ½ Bund Schnittlauch und 1 Zwiebel)

● Zubereitungszeit: 1 Stunde 30 Minuten

So wird's gemacht: Das Hühnerklein waschen, das Fett abschneiden, mit dem Wasser ansetzen und in 1 Stunde eine Brühe kochen. Mit Salz, Pfeffer und ½ Teel. Glutamat abschmecken. Zum Schluß das Hühnerklein herausnehmen. • Die Knoblauchzehen schälen und feinhacken. Mit dem Hackfleisch, Salz, Pfeffer, ½ Teelöffel Glutamat und dem Ei gut vermischen. Aus dem Sojabohnenquark Dreiecke schneiden und in der Mitte aushöhlen. Die Dreiecke mit dem gewürzten Hackfleisch füllen. • Die Rindfleischbällchen und die gefüllten Sojabohnenquarkdreiecke in die kochende Brühe geben. Bei mittlerer Hitze etwa 20 Minuten gar kochen. • Die Lauchzwiebeln putzen, (die Wurzeln abschneiden), waschen und samt den Lauchstengeln feinschneiden. Über die Suppe streuen. Heiß servieren.

Das paßt dazu: Reis und Krabbenbrot.

Suppe auf maduranische Art

Soto Madura

Für 6 Personen:
1 Stange Zitronengras · 1½ l Wasser · Salz · 500 g Rindfleisch (Zwerchrippe oder Brust) · 1 Teel. Soto-Madura-Gewürz (1 Päckchen) · 4 Kemirinüsse (gemahlen gekauft oder im Mörser zerstoßen) · 2 Eßl. Öl · 2 Stangen Bleichsellerie mit Blättern · 4 Teel. Röstzwiebeln (1 Päckchen oder selbst gemacht aus 2 Zwiebeln, Rezept Seite 31)

• Zubereitungszeit: 2 Stunden

Das Zitronengras waschen und in kurze Stükke schneiden. • Das Wasser in einem größeren Topf mit dem Zitronengras und Salz zum Kochen bringen. Das Rindfleisch hineingeben und in etwa 1½ Stunden bei schwacher Hitze zart kochen. • Das Soto-Madura-Gewürz und die gemahlenen Kemirinüsse mit 3 Eßlöffeln Wasser vermischen. • Das Öl in einer Pfanne erhitzen. Die gewürzte Nußpaste darin anbraten und in die Suppe geben. • Nach 20 Minuten das Suppenfleisch und das Zitronengras herausnehmen, das Fleisch in mundgerechte Stücke schneiden und in eine vorgewärmte Suppenschüssel geben. Mit den gewaschenen und feingeschnittenen Bleichselleriestangen und -blättern und den Röstzwiebeln bestreuen. Die heiße Brühe darübergießen und sofort auftragen.

Das paßt dazu: Weißer Reis (Rezept Seite 11), Sambal Olek, Zitronenscheiben und Krabbenbrot (Rezept Seite 19).

Maultaschensuppe

Sop Pangsit

250 g Hühnerklein · 1 l Wasser · Salz · Pfeffer · 1 Bund Lauchzwiebeln (mit Lauchstengeln oder 1 große Zwiebel mit 1 Bund Schnittlauch) · 16 Maultaschen (Rezept Gebackene Fledermäuse, Seite 20) 4 Teel. Röstzwiebeln (1 Päckchen oder selbst gemacht aus 2 Zwiebeln, Rezept Seite 31)

• Zubereitungszeit: 1 Stunde 15 Minuten

So wird's gemacht: Das Hühnerklein mit dem Wasser ansetzen und in 1 Stunde eine kräftige Hühnerbrühe kochen. Mit Salz und Pfeffer abschmecken. • Die Lauchzwiebeln putzen (Wurzeln entfernen) samt den Lauchstengeln waschen und feinschneiden. • Jeweils 4 goldbraun gebratene Maultaschen in eine Suppenschale legen. Mit den Lauchzwiebelstückchen und den Röstzwiebeln bestreuen. Die kochende Brühe darübergießen. Sehr heiß servieren.

Gado-Gado-Salat, ▷
eine erfrischende
Spezialität
(Rezept Seite 15).

Gemüse und Salate

Gemüse und Salate sind in der indonesischen Küche besonders beliebt. Sie werden mit viel Liebe angerichtet und hübsch dekoriert auf den Tisch gebracht. Die Indonesier mögen das Gemüse gern knackig und fest. Sie kochen es also so kurz als eben möglich. Auf diese Weise ist das Gemüse gesund zubereitet, und es behält seinen typischen Eigengeschmack. Gemüse und Salate gehören zu jeder Mahlzeit. Sie werden ebenso wichtig genommen wie Fleischgerichte.

Pikanter Fruchtsalat

Rujak Manis

Der pikante Fruchtsalat eignet sich vorzüglich als Vorspeise.

500 g gemischte Früchte (je nach Saison: Birnen, unreife Mangos, Ananas, Äpfel) · 300g gemischter Salat (je nach Saison: Chicorée, Kopfsalat, Salatgurke, Radieschen, Erbsen, grüne Bohnen) · 1 Zwiebel · 3 frische rote Peperoni · 6 Eßl. Tamarindenmus (2 daumendicke Stücke Tamarinde in 4 Eßl. heißem Wasser einweichen) · 4 Eßl. süße indonesische Sojasauce · 1 Teel. Shrimpspaste (die 2 letzten Zutaten siehe »Besondere indonesische Zutaten und Gewürze«) · Salz

● Zubereitungszeit: 30 Minuten

So wird's gemacht: Die Früchte schälen und in dünne Scheiben schneiden. Bei den Ananasscheiben den holzigen Strunk entfernen. Den Blattsalat waschen. Die Gurke schälen, die Radieschen waschen und beides in Scheiben schneiden. Die Erbsen und die Bohnen in wenig Salzwasser kurz dünsten und abtropfen lassen. • Die geschälte Zwiebel in Ringe schneiden. Die Peperoni waschen und in dünne Streifen schneiden. • Für das Tamarindenmus die eingeweichte Tamarinde kneten und durch ein Sieb geben. • Das Tamarindenmus kochen. Die süße indonesische Sojasauce, die Shrimpspaste und Salz hinzugeben. Alles 2 Minuten kochen. Abkühlen lassen. • Die Fruchtscheiben und den gemischten Salat in eine Salatschüssel geben. Die Peperonistreifen darüberstreuen. Mit der Sauce begießen. Kurz vor dem Auftragen gut mischen.

Das paßt dazu: Huhngerichte und Reis.

Mein Tip Statt Tamarinde können Sie auch Zitronensaft verwenden. An den bei Indonesiern beliebten Geschmack der Shrimpspaste müssen sich Europäer erst gewöhnen.

Gemüse mit Hackfleisch

Sambal Goreng Sajuran

6 Eßl. Tamarindenmus (eingeweichte Tamarinde) · ¼ l Wasser · 100 g frische Kokosnußraspeln · 250 g Zucchini · 250 g Auberginen · 1 Zwiebel · 2 Knoblauchzehen · 3 scharfe Peperoni · 2 Tomaten · 2 Eßl. Öl · 200 g Hackfleisch · 1 daumendickes Stück Galgantwurzel · Salz · ½ Teel. Glutamat · ½ Teel. Shrimpspaste (je nach Wunsch, siehe »Besondere indonesische Zutaten und Gewürze«).

◁ Die dekorativ aussehenden Krabbenbällchen geben eine herrliche Vorspeise bei einem festlichen Essen ab (Rezept Seite 19).

● Zubereitungszeit: 35 Minuten

So wird's gemacht: Für das Tamarindenmus 2 daumendicke Stücke Tamarinde mit 4 Eßlöffeln heißem Wasser kneten und durch ein Sieb geben. • Die Kokosnußraspeln mit ⅛ l heißem Wasser übergießen, zugedeckt stehen und auskühlen lassen. Die Milch durch ein Sieb auspressen. • Die geputzten, gewaschenen Zucchini und Auberginen in dünne Scheiben schneiden. Die Zwiebel und die Knoblauchzehen schälen und feinhacken. Die Peperoni waschen, entkernen und ebenfalls feinhacken. Die gewaschenen Tomaten vierteln. • Das Öl in einem Topf erhitzen. Die Knoblauchstückchen darin glasig braten. Das Hackfleisch zugeben und kurz anbraten. Die Zucchinischeiben, die Zwiebel- und Peperonistückchen, die in Scheiben geschnittene Galgantwurzel, die Tomatenviertel, das Tamarindenmus und die Kokosnußmilch unterrühren. Mit Salz und dem Glutamat würzen. Die Shrimpspaste und 4 Eßlöffel Wasser hinzugeben. Das Ganze kochen lassen. Nach 5 Minuten die Auberginenscheiben beifügen. 10 Minuten schmoren lassen. Die Galgantwurzelscheiben herausnehmen. Das Gericht heiß servieren.

Das paßt dazu: Geflügel- und Rindfleischgerichte und Reis.

Mein Tip Das Gericht schmeckt auch sehr gut mit frischen grünen Bohnen statt Auberginen und frischen, geschälten Krabben statt Hackfleisch.

Junger Spinat mit Sojabohnenkeimlingen

Sajur Bayem-Ketjamba

500 g junger Spinat · 200 g frische Sojabohnenkeimlinge · 2 Knoblauchzehen · 2 Eßl. Öl oder Schweinefett · Salz · Pfeffer · ½ Teel. Glutamat

● Zubereitungszeit: 15 Minuten

So wird's gemacht: Den Spinat verlesen und mit den Sojabohnenkeimlingen waschen und abtropfen lassen. Die Knoblauchzehen schälen und feinhacken. Das Öl oder Schweinefett in einer Pfanne erhitzen. Den Spinat und die Sojabohnenkeimlinge hineingeben und 2 Minuten anbraten. Mit Salz, Pfeffer und dem Glutamat abschmecken.

Das paßt dazu: Rindfleischfrikadellen (Rezept Seite 39).

Indonesisches Chop Suey

Cap-Cay

5 große Morcheln · 5 dunkelbraune chinesische Pilze · ¼ l Wasser · 500 g Schweinefleisch (Halsgrat und Schulter) · 5 Eßl. helle chinesi-

sche Sojasauce (siehe »Besondere indonesische Zutaten und Gewürze«) · Pfeffer · 2 Zucchini · 2 Möhren · ⅓ Blumenkohl · 2 Stangen Bleichsellerie (mit Blättern) · 1 Stange Lauch/Porree · 4 Blätter Weißkohl · 2 Tomaten · 100 g Champignons · 2 Knoblauchzehen · 4 Eßl. Öl · ½ Teel. Glutamat · 4 Eßl. Speisestärke · ⅛ l Wasser · 2 Eßl. Butter · 200 g frische geschälte Krabben (oder aufgetaute, tiefgefrorene)

- Zubereitungszeit: 1 Stunde

So wird's gemacht: Die Morcheln und die dunkelbraunen chinesischen Pilze getrennt in heißem Wasser 10 Minuten einweichen. Gründlich waschen und entstielen. • Das Schweinefleisch in dünne Streifen schneiden, mit der hellen chinesischen Sojasauce und Pfeffer einreiben und 20 Minuten ruhen lassen. Die Zucchini putzen, waschen, der Länge nach halbieren und in dünne, schräge Scheiben schneiden. Die Möhren schälen und wie die Zucchini schneiden. Den Blumenkohl waschen und in Blumenkohlröschen zerpflükken, die Selleriestangen samt Blättern waschen und schräg in Stücke schneiden. Die gewaschene Lauchstange (das Grüne mitverwenden) in 3 cm lange Streifen, die gewaschenen Weißkohlblätter in 4 cm breite und 3 cm lange Stücke schneiden. Die gewaschenen Tomaten und Champignons achteln. Die Knoblauchzehen schälen und feinhacken. • Das Öl in einer großen Pfanne oder im Wok (siehe Seite 7) erhitzen. Die Knoblauchstückchen goldgelb braten. Die Fleischstreifen hineingeben und halb gar braten. Alle Gemüsezutaten beifügen, gut mischen und 5 Minuten zugedeckt bei mittlerer Hitze schmoren. Mit 1 Eßlöffel heller chinesischer Sojasauce, Salz, Pfeffer und dem Glutamat abschmecken. Das Gemüse soll knackig sein. Die Speisestärke mit dem Wasser verrühren und damit die Sauce andicken. Alles 2 Minuten schmoren lassen und dann vom Herd nehmen. • Die Butter in einer kleinen Pfanne erhitzen. Die Krabben 1 Minute darin anbraten. Das Gemüsegericht auf einen großen vorgewärmten Teller geben und mit den Krabben garnieren.

Das paßt dazu: Weißer oder gelber Reis (Rezepte Seite 11), Erdnußsauce (Rezept Seite 54) oder würzige Sojasauce (Rezept Seite 57).

Mein Tip Wenn Sie tiefgefrorene Krabben verwenden, denken Sie an die Auftauzeit: Die Krabben müssen zugedeckt 2 Stunden auftauen.

Bambussprossen in Kokusnußcreme

Sambal Goreng Rebing

3 Eßl. Tamarindenmus (1 daumendickes Stück Tamarinde in 2 Eßl. heißem Wasser einweichen) · 100 g frische Kokosnußraspeln · ⅛ l Wasser · 500 g Bambussprossen (Dose) · 1 rote Peperone · 1 große Zwiebel · 3 Knoblauchzehen · 300 g frische geschälte Krabben (oder aufgetaute, tiefgefrorene) · 3 Eßl. helle chinesische Sojasauce (siehe »Besondere indonesische Zutaten und Gewürze«) · Pfeffer · Salz · 4 Eßl. Öl · ½ Teel. Galgantpulver · ¼ Teel. Shrimpspaste (nach Belieben)

• Zubereitungszeit: 35 Minuten

So wird's gemacht: Für das Tamarindenmus die eingeweichte Tamarinde kneten und durch ein Sieb geben. • Die Kokosnußraspeln mit dem heißen Wasser übergießen, zugedeckt kalt werden lassen und die Kokosmußmilch durch ein Sieb auspressen. • Die abgetropften Bambussprossen in dünne Streifen schneiden. Die gewaschene entkernte Peperone, die geschälte Zwiebel und die geschälten Knoblauchzehen feinschneiden. Die Krabben mit der Sojasauce, Pfeffer und Salz würzen. • Das Öl in einem Topf erhitzen. Die Knoblauch- und Zwiebelstückchen darin glasig braten. Die Krabben hineingeben und 1 Minuten anbraten. Dann die Bambussprossen, das Galgantpulver, die Peperonistückchen, das Tamarindenmus und je nach Geschmack die Shrimpspaste zugeben und alles gut verrühren. Die Kokosnußmilch daruntermischen. Das Gericht 10 Minuten schmoren lassen, bis die Sauce cremig wird. Heiß servieren.

Das paßt dazu: Reis, scharfe Geflügel- und Fleischgerichte.

Mein Tip Das Gericht schmeckt besonders gut, wenn man es nach dem Kochen einen Tag kühl ruhen läßt. Am folgenden Tag wird es aufgewärmt und heiß serviert. – Anstelle von Krabben kann man auch Rind- oder Schweinefleisch nehmen.

Röstzwiebeln

Bawang Goreng

Röstzwiebeln sind in der indonesischen Küche sehr beliebt. Man verwendet sie, um damit Suppen zu bestreuen, Reis oder Nudelgerichte zu garnieren und um Fleischgerichte zu verfeinern. Sie werden stets in größeren Mengen zubereitet, da es kein Problem ist, sie aufzubewahren.

500 g rote (oder weiße) Zwiebeln · Öl

• Zubereitungszeit: 1 Stunde 15 Minuten

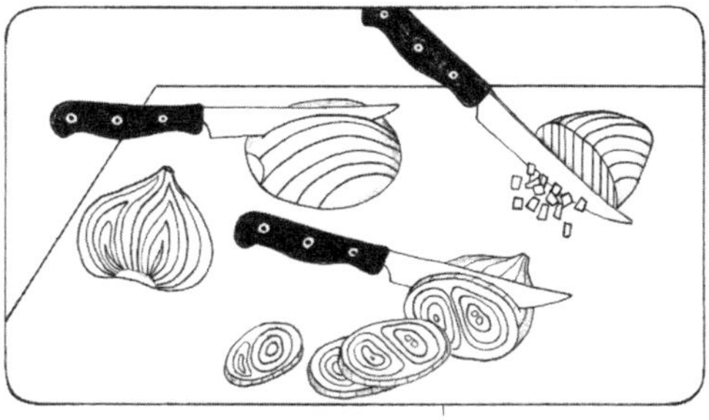

So schneidet man Zwiebeln in Scheiben oder in kleine Würfel. Wie man dies macht, ohne dabei »weinen« zu müssen, lesen Sie im Tip auf der folgenden Seite.

So wird's gemacht: Die Zwiebeln schälen und in dünne Scheiben schneiden oder kleinhakken. Die Scheiben oder Stückchen auf Küchenkrepp legen, damit der Saft aufgesogen wird. • Das Öl in einer Pfanne erhitzen. Die zerkleinerten Zwiebeln hineingeben und bei schwacher Hitze goldgelb braten. Ab und zu umrühren. Wenn die Zwiebeln trocken werden, die Pfanne vom Herd nehmen und die Zwiebeln im Backofen bei 50° weiterrösten, bis sie knusprig sind. • In luftdichten Dosen aufbewahren.

Paßt gut zu: Suppen, Fleischgerichten.

Mein Tip Damit Ihre Augen nicht tränen, die Zwiebeln vor dem Schneiden einige Minuten im Wasser schwimmen lassen. – Zwiebelrösten ist ein langwieriger Prozeß. Die Zwiebeln dürfen nicht bei starker Hitze und nicht zu schnell angebraten werden, sonst werden sie schwarz und bitter. Es ist am besten, für mehrere Gerichte auf einmal eine große Menge Zwiebeln zu rösten, da sie längere Zeit gut aufbewahrt werden können.

Exotischer Gemüsesalat

Sajur Urap

250 g junger Spinat · 250 g frische Sojabohnenkeimlinge · 250 g grüne Bohnen · 250 g Maiskörner aus der Dose · 1 l Wasser · Salz · ⅜ l Milch · 400 g Kokosnußraspeln · Saft von 1 Zitrone · 2 Eßl. Shrimpspaste (je nach Wunsch, siehe »Besondere indonesische Zutaten und Gewürze«) · 3 Zitronenblätter · 1 Prise Zucker · ½ Teel. Glutamat

- Zubereitungszeit: 1 Stunde 10 Minuten

So wird's gemacht: Den Spinat verlesen und waschen. Die Sojabohnenkeimlinge ebenfalls waschen. Die grünen Bohnen waschen, entstielen und in etwa 5 cm lange Stücke schneiden. Die Maiskörner abtropfen lassen. Das Wasser salzen und zum Kochen bringen. Den Spinat und die Sojabohnenkeimlinge darin 1–2 Minuten kochen, die Bohnen anschließend 4–5 Minuten darin kochen. Alles gut abtropfen. • In einem anderen Topf die Milch erhitzen. Die Kokosnußraspeln hineingeben und bei schwacher Hitze quellen lassen. Den Zitronensaft, die Shrimpspaste und die gewaschenen Zitronenblätter daruntermischen. Mit dem Salz, dem Zucker und dem Glutamat abschmecken. Vom Herd nehmen. • Die Kokosnußraspeln etwa 10 Minuten in der gewürzten Milch stehen lassen, damit sie die Würze einsaugen können. • Den Spinat, die Sojabohnenkeimlinge und die Bohnen auf einen großen Teller geben und die gewürzten Kokosnußraspeln daruntermischen.

Das paßt dazu: körnig gekochter Reis als vegetarisches Essen oder Geflügel- und Fleischgerichte.

Sojabohnenkeimlinge werden in der indonesischen Küche häufig verwendet.

Exotische Eier- und Nudelgerichte

Durch raffinierte Würzkombinationen und ungewöhnliche Zubereitungsarten verstehen es die indonesischen Köche und Köchinnen aus Eiern sehr schmackhafte Speisen zu zaubern. Ähnliches gilt für die Nudelgerichte, die durch sorgfältig aufeinander abgestimmte Zutaten reich gestaltet werden. Auch wenn die Herstellung manchmal etwas Mühe und Zeit erfordert – das Ergebnis zeigt, daß sich die Anstrengung gelohnt hat.

Eier in Chilisauce

Telur Berlado
Bild Seite 55

1½ Teel. Tamarindenmus (½ daumendickes Stück Tamarinde in 1 Teel. heißem Wasser einweichen) · 8 hartgekochte Eier · ¼ l geschmacksneutrales Fritieröl · 2 kleine Zwiebeln · 1 daumendickes Stück frische Ingwerwurzel · 2 Knoblauchzehen · 2 frische rote Peperoni · 1 Stange Zitronengras · 1 Eßl. Öl · 1 Teel. Shrimpspaste (je nach Geschmack) · 2 Eßl. Sambal Olek (beides siehe »Besondere indonesische Zutaten und Gewürze«) · 2 Teel. Zucker · 1 Teel. Gelbwurzpulver · 4 Eßl. Wasser · Salz · Pfeffer · 1 Bund Koriandergrün (oder Petersilie)

- Zubereitungszeit: 40 Minuten

So wird's gemacht: Für das Tamarindenmus die eingeweichte Tamarinde kneten und durch ein Sieb geben. • Die hartgekochten Eier schälen. Mit einer Gabel rundum einstechen, damit die Gewürze später beim Kochen einziehen können. Das Fritieröl erhitzen. Die Eier goldgelb und knusprig braten. Vom Herd nehmen und auf Küchenkrepp abtropfen lassen. • Die geschälten Zwiebeln, das geschälte Ingwerstück, die geschälten Knoblauchzehen, die gewaschenen, entkernten Peperoni und das gewaschene und zerquetsche Zitronengras ganz fein schneiden. • Das Öl in der Pfanne erhitzen und die Knoblauch-, Ingwer- und Zwiebelstückchen darin glasig braten. Die Shrimpspaste, das Sambal Olek, die Peperoni- und Zitronengrasstückchen und das Tamarindenmus hineingeben. Das Ganze braten. Den Zucker und das Gelbwurzpulver hinzufügen. Gut umrühren. Dann die Eier und das Wasser hinzugeben. Alles 15 Minuten schmoren lassen, bis die Gewürze vollständig in die Eier eingezogen sind. Die Sauce mit Salz und Pfeffer abschmecken. • Die Hälfte der Eier halbieren, auf dem Rand einer Platte garnieren, die ganzen Eier in die Mitte legen. Die Sauce darübergießen. Mit den gewaschenen Korianderblättern oder der Petersilie garnieren.

Das paßt dazu: Reis und Krabbenbrot.

Gekochte Eier in indonesischer Sauce

Gulee Telor

100 g Boemboe-Goelee-Gewürzmischung (Dose) · 100 g Sahne · 2 Zitronenblätter · 1 Stange Zitronengras · 1 Teel. Sambal Olek · Salz · ½ Teel. Glutamat · 8 hartgekochte Eier

- Zubereitungszeit: 30 Minuten

So wird's gemacht: Die Boemboe-Goelee-Gewürzmischung mit der Sahne bei schwacher Hitze zum Kochen bringen. Die gewaschenen Zitronenblätter, das gewaschene, in kleine Stücke geschnittene Zitronengras und das Sambal Olek hinzugeben. Mit Salz und dem Glutamat abschmecken. • Die gekochten Eier hineingeben und 15 Minuten schmoren lassen.

Das paßt dazu: Weißer und Gelber Reis (Rezepte Seite 11) und gemischter Salat.

Indonesisches Omelette

Dadar Isi

4 Möhren · 3 große Zwiebeln · 2 Stangen Bleichsellerie (mit Blättern) · 100 g Bambussprossen (Dose) · 1 Teel. Sambal Olek · Salz · Pfeffer · ½ Teel. Glutamat · 8 Eier · 4 Eßl. Öl

• Zubereitungszeit: 35 Minuten

So wird's gemacht: Die Möhren schälen und in dünne Streifen schneiden, die Zwiebeln

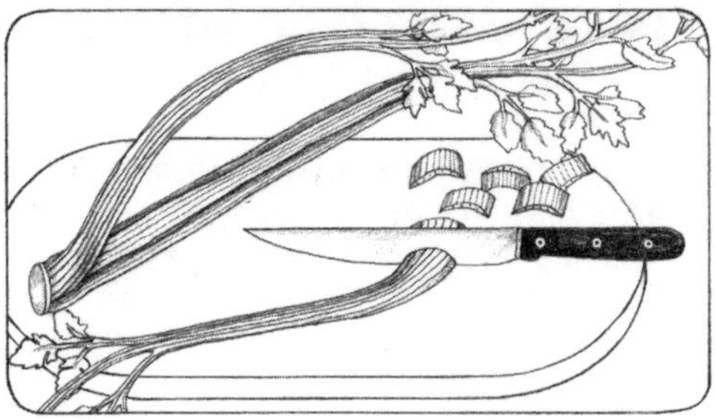

Bleichsellerie in einzelne Stangen zerteilen, dann in Stücke schneiden.

schälen und in feine Ringe schneiden, die Selleriestangen und -blätter waschen und in feine, die gewaschenen Bambussprossen in dünne Streifen schneiden. Alles gut vermischen und mit Sambal Olek, Salz, Pfeffer und dem Glutamat abschmecken. • Die Eier schlagen und unter das Gemüse mischen. • 4 Omeletten zubereiten: Dafür jeweils 1 Eßlöffel Öl in einer Pfanne erhitzen, ¼ der Eiermischung hineingeben und zum Omelette ausbacken.

Das paßt dazu: Weißer und Gelber Reis (Rezepte Seite 11), Sambal-Sojasauce (Rezept Seite 54), Erdnußsauce (Rezept Seite 54) und gemischter Salat.

Gebratene scharfe Reisnudeln

Bihun Goreng

500 g Reisnudeln (1 Packung) · 500 g Schweinefleisch (Halsgrat oder Schulter) · 1 Kopfsalat · 2 Knoblauchzehen · 2 große Zwiebeln · 250 g frische Sojabohnenkeimlinge · 2 Eßl. Öl · 2 Eßl. Sambal Olek · 4 Eßl. süße indonesische Sojasauce (siehe »Besondere indonesische Zutaten und Gewürze«) · Salz · Pfeffer · 1 Prise Glutamat · 4 Teel. Röstzwiebeln (1 Päckchen oder selbst gemacht aus 2 Zwiebeln, Rezept Seite 31)

• Zubereitungszeit: 1 Stunde

So wird's gemacht: Die Reisnudeln 30 Minuten in kaltes Wasser legen; dann abtropfen lassen. Das Schweinefleisch in Streifen schneiden. Den Salat waschen und in 4 cm lange

Stücke schneiden. Die geschälten Knoblauchzehen und die geschälten Zwiebeln feinhakken. Die Sojabohnenkeimlinge waschen und abtropfen lassen. • Das Öl in einem größeren Brattopf (oder Pfanne) erhitzen. Die Knoblauch- und Zwiebelstückchen darin glasig anbraten. Die Schweinefleischstreifen hinzufügen und goldgelb braten. Das Sambal Olek beigeben. Anschließend die Sojabohnenkeimlinge, die Salatblätter und die abgetropften Reisnudeln untermischen. Mit der süßen indonesischen Sojasauce, Salz, Pfeffer und dem Glutamat würzen. Alle Zutaten gut vermischen und 5 Minuten braten. Wenn die Reisnudeln an der Pfanne kleben bleiben, mehr Öl hinzufügen. (Beim Braten wird viel Öl verbraucht!) Auf einem großen Teller servieren. Die Röstzwiebeln darüberstreuen.

Das paßt dazu: Gemischter Salat (je nach Saison) und Sambal-Sojasauce (Rezept Seite 54).

Gebackene Nudeln in bunter Sauce

Ifu-Mi

6 getrocknete Morcheln · 250 g Sojabohnenkeimlinge · 1 Bund Lauchzwiebeln · 1 daumendickes Stück Ingwerwurzel · 400 g Schweinefleisch (Halsgrat oder Schulter) · 1 Hähnchenbrust · 4 Scheiben gekochter Schinken · 4 Knoblauchzehen · 4 Eßl. Öl · 200 g frische geschälte Krabben (oder aufgetaute, tiefgefrorene) · ⅛ l Wasser · 3 Eier · 2 Eßl. Speisestärke · Salz · Pfeffer · ½ Teel. Glutamat · 250 g frische Sojabohnenkeimlinge · 4 Eßl. helle chinesische Sojasauce · 300 g gebackene Ifu-Mi-Nudeln (Fertigprodukt, siehe »Besondere indonesische Zutaten und Gewürze«)

- Zubereitungszeit: 1 Stunde

So wird's gemacht: Die Morcheln 10 Minuten in heißem Wasser einweichen, gründlich waschen und entstielen. • Die Sojabohnenkeimlinge waschen. Die Lauchzwiebeln putzen (Wurzeln entfernen) und samt Stengel waschen. Die Ingwerwurzel schälen. Alles in feine Streifen schneiden. Das Schweinefleisch, die Hähnchenbrust und den gekochten Schinken ebenfalls in feine Streifen schneiden. Die geschälten Knoblauchzehen feinhacken. • Das Ol in einer großen Pfanne erhitzen. Die Knoblauch- und Ingwerstückchen darin goldgelb braten. Die Schweine- und Hähnchenfleischstreifen zugeben und gar braten. Die Krabben, die Sojabohnenkeimlinge, die Morcheln und Lauchzwiebeln ohne Stengel hinzufügen und weitere 5 Minuten braten. Anschließend das Wasser unterrühren. • Den Backofen auf 100° vorheizen. • Die Sauce zum Kochen bringen. Die Eier mit Speisestärke verquirlen und schnell untermischen, so daß eine dicke Sauce entsteht. Noch 1 Minute schmoren lassen. Mit Salz, Pfeffer, dem Glutamat und der hellen chinesischen Sojasauce abschmecken und vom Herd nehmen. • Die gebackenen Nudeln im Backofen bei 100° 5 Minuten wärmen. Dann auf eine Platte legen. Die heiße, bunte Gemüse-Fleisch-Sauce darübergießen. Die grünen Lauchstangenstreifen rundum garnieren. Heiß servieren.

Das paßt dazu: Sambal Olek und grüner Salat.

In der Kunst des Marinierens mit Gewürzmischungen liegt das eigentliche Geheimnis der Zubereitung von Fleischgerichten in der indonesischen Küche. Ob gegrillt oder gebraten, gebacken oder geschmort – das Fleisch soll würzig und saftig schmecken. Damit die scharf gewürzten Speisen nicht zu sehr auf der Zunge brennen und Durst machen, gibt man ihnen Kokosnußmilch bei und serviert sie mit erfrischendem Eiswasser.

Fleischtopf mit Tamarindensauce

Pindang Babi-Ajam

500 g Schweinefleisch (Schulter) · ½ Brathähnchen · Salz · Pfeffer · 3 Eßl. Tamarindenmus (1 Eßl. Tamarinde in 2 Eßl. heißem Wasser einweichen) · 1 Zwiebel · 2 Knoblauchzehen · 4 Scheiben frische Galgantwurzel · 2 rote Paprikaschoten · 2 Eßl. süße indonesische Sojasauce (siehe »Besondere indonesische Zutaten und Gewürze«) · 1 l Wasser

- Zubereitungszeit: 1 Stunde

So wird's gemacht: Das Schweinefleisch in kleine dünne Scheiben schneiden. • Das Hähnchen zerteilen, mit Salz und Pfeffer einreiben, in eine Schüssel geben und 20 Minuten im Wasserbad dämpfen (siehe Dampftopf, Seite 7 f.). • Die eingeweichte Tamarinde kneten und durch ein Sieb geben. • Die geschälte Zwiebel, die geschälten Knoblauchzehen und die Galgantwurzel feinhacken. Die gewaschenen und entkernten Paprikaschoten in feine Streifen schneiden. Alles zusammen mit dem Schweinefleisch und der süßen indonesischen Sojasauce in einen Topf geben und das Wasser aufgießen. Bei mittlerer Hitze 30 Minuten garen. Nach 20 Minuten die Hähnchenstücke hinzugeben und 10 Minuten mitschmoren lassen. Heiß servieren.

Das paßt dazu: Körnig gekochter Reis und Salat.

Gegrillte Schweinespießchen

Satee Babi

1 kg Schweinefleisch (Halsgrat oder Schulter) · 4 Eßl. süße indonesische Sojasauce (siehe »Besondere indonesische Zutaten und Gewürze«) · 1 Teel. Pfeffer · 20 Bambusspießchen (ersatzweise Holz- oder Schaschlikspießchen)

- Marinierzeit: 45 Minuten
- Zubereitungszeit: 40 Minuten

So wird's gemacht: Das Schweinefleisch in mundgerechte Stücke schneiden. Mit der süßen indonesischen Sojasauce und dem Pfeffer vermischen und 45 Minuten marinieren. • Inzwischen den Backofen auf 250° oder den Grill vorheizen. • Die Fleischstücke auf die Bambusspießchen geben und auf einen eingeölten Rost legen. In den Backofen oder unter den Grill schieben und etwa 30 Minuten grillen. Nach 20 Minuten die Spieße wenden. Heiß servieren.

Das paßt dazu: Würzige Sojasauce (Rezept Seite 57) und Erdnußsauce (Rezept Seite 54).

Mein Tip Auf dem Holzkohlengrill geraten die Schweinespießchen besonders gut. Die Garzeit ist dann kürzer.

Gegrilltes Spanferkel

Babi Guling

Für 8–10 Personen
1 kleines Spanferkel von 4 kg · 2 daumendicke Stücke frische Ingwerwurzel · 3 Zwiebeln · 3Knoblauchzehen · 2 Stangen Zitronengras · 3 Eßl. Tamarindenmus (1 daumendickes Stück Tamarinde in 2 Eßl. heißem Wasser einweichen) · 4 Eßl. Shrimpspaste nach Geschmack (siehe »Besondere indonesische Zutaten und Gewürze«) · 10 Nelken · 4 Teel. Gelbwurzpulver · 1 Teel. Kardamompulver · 1 Teel. Muskatnuß · 2 Eßl. Sambal Olek · Salz · 2 Teel. Pfeffer · 6 Eßl. Öl

- Zubereitungszeit: 3 Stunden

So wird's gemacht: Das Spanferkel vom Metzger säubern lassen. Zum Abtropfen aufhängen. Innen und außen mit Küchenkrepp gut abtrocknen. • Das Ingwerwurzelstück, die Zwiebeln und die Knoblauchzehen schälen und feinhacken. Das gewaschene Zitronengras ebenfalls feinhacken. • Die eingeweichte Tamarinde kneten und durchsieben. • Das Tamarindenmus, die Shrimpspaste nach Geschmack, die Ingwer- und Zitronengrasstückchen mit den Nelken, dem Gelbwurz- und Kardamompulver, der geriebenen Muskatnuß, dem Sambal Olek, dem Salz und dem Pfeffer zu einer Paste verrühren. • 2 Eßlöffel Öl erhitzen, die Zwiebel- und Knoblauchstückchen darin glasig braten, die Gewürzpaste hinzugeben und alles 4 Minuten braten. • Den Backofen auf 180° vorheizen. • Das Spanferkel mit den angebratenen Gewürzen füllen und zunähen. Salz und Pfeffer mit dem restlichen Öl mischen und das Spanferkel damit bestreichen. • Im Backofen etwa 2 Stunden (oder auf dem Holzkohlengrill mit kürzerer Grillzeit) grillen. Währenddessen immer wieder mit Öl bestreichen. Nach 1 Stunde wenden. Um festzustellen, ob es gar ist, sticht man mit einer Gabel oder Messerspitze in die dickste Stelle des Spanferkels. Wenn klarer Saft herausquillt, ist das Fleisch gar. • Dann den Backofen auf 250° schalten und das Spanferkel in weiteren 15 Minuten knusprig braun braten.

Das paßt dazu: Weißer, gelber, gedämpfter Reis oder Klebreis (Rezepte Seite 11 ff.), frische Tomaten-Sambal-Sauce (Rezept Seite 54), Gado-Gado-Salat (Seite 15).

Gegrillte Lammspießchen

Satee Kambing

500 g gut abgehangenes Lammfleisch · 4 Eßl. süße indonesische Sojasauce (siehe »Besondere indonesische Zutaten und Gewürze«) · 20 Bambusspieße (ersatzweise Holz- oder Schaschlikspießchen)

- Marinierzeit: 45 Minuten
- Zubereitungszeit: 55 Minuten

So wird's gemacht: Das Lammfleisch in 1 cm dicke und 3 cm lange Stücke schneiden. Mit der süßen indonesischen Sojasauce vermischen und 45 Minuten marinieren lassen. • Den Backofen auf 250 ° oder den Grill vorheizen. • Die Fleischstücke auf die Bambusspieße stecken und diese auf den geölten Rost legen. In den Backofen oder den Grill schieben. Etwa 40 Minuten im Backofen oder 30 Minuten auf dem Grill goldbraun grillen. Nach 20 Minuten die Spieße umdrehen.

Das paßt dazu: Erdnußsauce (Rezept Seite 54), Weißer oder Gelber Reis (Rezepte Seite 11) und Gurkensalat.

Lammragout in indonesischer Sauce

Gulee Kambing

500 g Lammfleisch (Nacken oder Brust) · 1 Stange Zitronengras · 100 g Boemboe-Goelee-Gewürzmischung (Dose) · ⅜ l Wasser · 4 Zitronenblätter · 1 Teel. Sambal Olek · 100 g Sahne · 4 Eßl. Milch · Salz · ½ Teel. Glutamat

● Zubereitungszeit: 1 Stunde

So wird's gemacht: Das Lammfleisch in Stückchen schneiden. Das Zitronengras waschen, die dicke Wurzel mit einem Holzklötzchen zerquetschen und in kürzere Stücke schneiden. Die Boemboe-Goelee-Gewürzmischung in 4 Eßlöffeln Wasser anrühren. • Alles in einen Topf geben. Die gewaschenen Zitronenblätter und das Sambal Olek zufügen. Mit dem restlichen Wasser aufgießen und 30 Minuten kochen. Die Flüssigkeit soll auf ⅛ l einkochen. • Anschließend die Sahne und die Milch hinzugeben. Mit Salz und dem Glutamat abschmecken. 15 Minuten bei schwacher Hitze schmoren lassen. Die Zitronenblätter vor dem Servieren entfernen.

Das paßt dazu: Reis, Sambal-Sojasauce (Rezept Seite 54) und grüner oder gemischter

Pikantes Hackfleisch auf balinesische Art

Lelawar Bali

½ Zwiebel · 2 Knoblauchzehen · ½ Stange Zitronengras · 3 Teel. Tamarindenmus (1 daumendickes Stück Tamarinde in 2 Teel. heißem Wasser einweichen) · 100 g frische Kokosnußraspeln · ⅛ l Wasser · 2 Eßl. Öl · 2 Teel. Korianderpulver · ½ Teel. Kreuzkümmel · 2 Teel. gemahlene Kemirinüsse (ersatzweise gemahlene Haselnüsse) · ½ Teel. Galgantpulver · 2 indonesische Lorbeerblätter · Salz · 1 Eßl. Sambal Olek · ½ Teel. Shrimpspaste (je nach Wunsch, siehe »Besondere indonesische Zutaten und Gewürze«) · 500 g Hackfleisch · 4 Teel. Röstzwiebeln (1 Päckchen oder selbst gemacht aus 2 Zwiebeln, siehe Rezept Seite 31)

● Zubereitungszeit: 40 Minuten

So wird's gemacht: Die geschälte Zwiebel und die geschälten Knoblauchzehen feinhacken. Das Zitronengras mit einem Holzklotz zerdrücken. Die eingeweichte Tamarinde kneten und durch ein Sieb drücken. Die Kokosnußraspeln mit dem heißen Wasser übergießen, zugedeckt auskühlen lassen und die Milch durch ein Sieb auspressen. • Das Öl in einer tiefen Pfanne erhitzen. Die Zwiebel- und Knoblauchstückchen darin kurz anbraten. Alle Gewürze und Geschmackszutaten – außer der Kokosnußmilch und den Röstzwiebeln – dazugeben und 3 Minuten anbraten. Das Hackfleisch beifügen, alles gut vermischen und weiter braten, bis der ganze Saft verdampft ist. Dann die Kokosnußmilch zufügen. 10–15 Minuten bei mittlerer Hitze schmoren lassen. Vor dem Servieren das Zitronengras und die Lorbeerblätter entfernen und die Röstzwiebeln untermischen.

Das paßt dazu: Körnig gekochter Reis und Krabbenbrot (Rezept Seite 19).

Arabischer Pfannkuchen

Martabak

4 Platten Strudelteig (Fertigprodukt) · 4 große Zwiebeln · 1 Bund Lauchzwiebeln (mit Lauchstengeln) · 400 g gemischtes Hackfleisch · 6 Eier · Salz · Pfeffer · ½ Teel. Glutamat · 4 Eßl. Öl

• Zubereitungszeit: 1 Stunde

So wird's gemacht: Die Strudelteigplatten nach Vorschrift behandeln und auf einer bemehlten Arbeitsplatte auf die Größe eines DIN-A-4-Blattes ausrollen. Die geschälten Zwiebeln feinhacken, die gewaschenen und geputzten (Wurzeln entfernen) Lauchzwiebeln samt Lauchstengeln feinschneiden und mit dem Hackfleisch, den Eiern, Salz, Pfeffer und dem Glutamat vermengen. • 4 Pfannkuchen herstellen: Dafür jeweils 1 Eßlöffel Öl in einer Teflonpfanne bei schwacher Hitze erwärmen. 1 Strudelteigblatt hineinlegen und ¼ der Fleischfüllung hineingeben, das Blatt wie einen Briefumschlag zusammenfalten. Mit einem Holzlöffel den Kuchen platt drücken, bis er braun wird, dann umdrehen und wieder mit dem Holzlöffel platt drücken. Bei schwacher Hitze insgesamt 10 Minuten braten, bis die Füllung gar und der Kuchen braun ist.

Das paßt dazu: Körnig gekochter Reis, Salat und Martabak-Sauce (Rezept Seite 58).

Rindfleischfrikadellen

Begedel Daging

150 g Kartoffeln · 2 Eier · 300 g Hackfleisch (vom Rind) · ½ Teel. geriebene Mußkatnuß · ½ Teel. Pfeffer · 10 g Röstzwiebeln (2 Päckchen oder selbst gemacht aus 4 Zwiebeln, Rezept Seite 31) · 1 Eßl. süße indonesische Sojasauce (siehe »Besondere indonesische Zutaten und Gewürze«) · Salz · ¼ l geschmacksneutrales Fritieröl

• Zubereitungszeit: 40 Minuten

So wird's gemacht: Die Kartoffeln in der Schale 20 Minuten kochen, pellen und mit einer Gabel zerdrücken. Mit den Eiern, dem Hackfleisch, der geriebenen Mußkatnuß, dem Pfeffer und den Röstzwiebeln vermengen. Mit süßer indonesischer Sojasauce und Salz abschmecken. Daraus größere Klöße formen. In dem Fritieröl goldbraun backen.

Das paßt dazu: Reis, Sambal Olek, Erdnußsauce (Rezept Seite 54) und ein indonesischer Gemüseteller – aus Exotischem Gemüsesalat (Rezept Seite 32) oder Jungem Spinat mit Sojabohnenkeimlingen (Rezept Seite 29).

Rindfleisch mit Kokosnußraspeln

Dengdeng Ragi
Bild Seite 56

3 Teel. Tamarindenmus (1 daumendickes Stück Tamarinde in 2 Teel. heißem Wasser einweichen) · 500 g Rindfleisch (Lende oder Filet) · 3 Knoblauchzehen · 3 mittelgroße Zwiebeln · 1 Eßl. Korianderpulver · 1 Teel. Basilikum · 1 Eßl. brauner Zucker · 2 Eßl. Öl · Salz · Pfeffer · 200 g frische Kokosnußraspeln (oder 150 g getrocknete) · 2 indonesische Lorbeerblätter

- Zubereitungszeit: 50 Minuten

So wird's gemacht: Die eingeweichte Tamarinde kneten und durch ein Sieb geben. • Das Rindfleisch in dünne Scheiben schneiden. Die geschälten Knoblauchzehen zerdrücken. Die Zwiebeln schälen und feinhacken. Das Tamarindenmus, das Korianderpulver, das Basilikum und den braunen Zucker zu einer Paste verkneten, mit dem Knoblauch und den Zwiebeln mischen. • Das Öl in einer Pfanne erhitzen. Die Gewürzpaste 5 Minuten darin braten. Die Fleischscheiben hinzugeben. Bei großer Hitze 3 Minuten anbraten. Dabei gut umrühren. Die Fleischscheiben salzen und pfeffern, vom Herd nehmen und im vorgewärmten Backofen bei 50 ° warm stellen. • Die Kokosnußraspeln zusammen mit den indonesischen Lorbeerblättern in eine trockene Pfanne geben und bei schwacher Hitze rösten. Vorsicht: sie brennen schnell an, daher ununterbrochen rühren, bis sie hellbraun geworden sind; dann das Fleisch zugeben und 2 Minuten in den Kokosnußraspeln wälzen. Vor dem Servieren die indonesischen Lorbeerblätter entfernen.

Das paßt dazu: weißer oder gelber Reis (Rezepte Seite 11) und Gado-Gado-Salat (Rezept Seite 15).

Rindfleisch auf balinesische Art

Bumbu Bali Daging

500 g Rindfleisch (Schulter) · Salz · 2 Eßl. süße indonesische Sojasauce (siehe »Besondere indonesische Zutaten und Gewürze«) · 1 Zwiebel · 1 Knoblauchzehe · ½ daumendickes Stück Ingwerwurzel · ½ daumendickes Stück Galgantwurzel (oder ½ Teel. Pulver) · 3 Teel. Tamarindenmus (1 Teel. Tamarinde in 2 Teel. heißem Wasser einweichen) · 2 Eßl. Öl · 1 Teel. Sambal Olek · ½ Teel. Shrimpspaste (je nach Geschmack) · ½ Stange Zitronengras · 2 indonesische Lorbeerblätter · 4 Eßl. Wasser

- Zubereitungszeit: 50 Minuten

So wird's gemacht: Das Rindfleisch in dünne Scheiben schneiden, mit Salz und 1 Eßlöffel süßer indonesischer Sojasauce würzen. Die Zwiebel und die Knoblauchzehe schälen, die Ingwer- und die Galgantwurzel waschen und schälen und alles in dünne Scheiben schneiden. • Die eingeweichte Tamarinde kneten und durch ein Sieb geben. • Das Öl in einer Pfanne erhitzen. Die Zwiebel- und Knoblauchstückchen darin glasig braten, dann das Sambal Olek, die Ingwer- und Galgantwurzelstückchen und die Shrimpspaste untermischen. Das Rindfleisch hineingeben und 5 Minuten anbraten. Anschließend das Tamarindenmus, das zerquetschte Zitronengras, die indonesischen Lorbeerblätter, die restliche Sojasauce und das Wasser beifügen. Mit Salz abschmecken. 20 Minuten schmoren lassen, bis das Fleisch weich ist. Vor dem Servieren die Ingwer- und Galgantwurzelscheiben, das Zitronengras und die indonesischen Lorbeerblätter entfernen.

Das paßt dazu: Reis und Salat.

Scharfes Rindfleisch Sumatra

Pangek Daging

500 g Rindfleisch (Schulter) · Salz · Pfeffer · 5 Teel. Tamarindenmus (1 daumendickes Stück Tamarinde in 2 Teel. heißem Wasser einweichen) · 100 g frische Kokosnußraspeln · ⅛ l Wasser · 5 rote Peperoni · 3 große Zwiebeln · 2 Knoblauchzehen · 2 Eßl. Öl · 2 Teel. Ingwerpulver · ½ Teel. Galgantpulver · 1 Teel. Korianderpulver · 1 Teel. Kreuzkümmel · 1 Stange Zitronengras · 3 Zitronenblätter · 2 indonesische Lorbeerblätter

- Zubereitungszeit: 1 Stunde

So wird's gemacht: Das Rindfleisch in Würfel schneiden. Mit Salz und Pfeffer würzen und ziehen lassen. Die eingeweichte Tamarinde kneten und durch ein Sieb geben. • Die Kokosnußraspeln mit dem heißen Wasser übergießen, zugedeckt ruhen lassen und nach dem Abkühlen durch ein Sieb die Kokosnußmilch auspressen. • Die gewaschenen Peperoni entkernen und feinhacken. Die geschälten Zwiebeln und Knoblauchzehen feinhacken. • Das Öl in einem Topf erhitzen. Die Zwiebel- und Knoblauchstückchen darin glasig braten. Die Fleischwürfel mit dem Ingwerpulver, dem Galgantpulver, dem Korianderpulver und dem Kreuzkümmel anbraten. Das Tamarindenmus, die Kokosnußmilch, die Peperonistückchen, das gewaschene, zerquetschte und in kurze Stücke geschnittene Zitronengras, die gewaschenen Zitronen- und Lorbeerblätter dazugeben und 30 Minuten schmoren lassen, bis das Fleisch zart wird. Vor dem Servieren das Zitronengras, die Zitronenblätter und die Lorbeerblätter entfernen. Heiß auftragen.

Das paßt dazu: Körnig gekochter Reis.

Mein Tip Das Gericht schmeckt würziger, wenn es nach 20 Minuten Schmoren über Nacht kühl stehen bleibt. Am nächsten Tag wird es vor dem Servieren erneut 10 Minuten gekocht.

Scharfes Rindfleisch mit grünen Bohnen

Boontjis Lombok

50 g Glasnudeln · 500 g Rindfleisch (Schulter) · Salz · 4 Eßl. süße indonesische Sojasauce (siehe »Besondere indonesische Zutaten und Gewürze«) · 500 g grüne Bohnen · 3 grüne Paprikaschoten · 3 frische Peperoni (oder 1 Teel. Sambal Olek) · 1 große Zwiebel · 3 Knoblauchzehen · 2 Tomaten · 2 Eßl. Öl · ⅛ l Wasser · Saft von ½ Zitrone · ½ Teel. Glutamat · Salz · Pfeffer

● Zubereitungszeit: 1 Stunde 25 Minuten

So wird's gemacht: Die Glasnudeln in warmem Wasser 10 Minuten einweichen, abtropfen lassen und in kurze Stücke schneiden. • Das Rindfleisch in dünne Streifen schneiden, mit Salz und 2 Eßlöffeln süßer indonesischer Sojasauce würzen. Die Bohnen waschen – wenn nötig, die Fäden entfernen – und in 4 cm lange Stücke schneiden. Die grünen Paprikaschoten und die Peperoni waschen, entkernen und in dünne Streifen schneiden. Die Zwiebel und die Knoblauchzehen schälen und feinhacken. Die Tomaten waschen und achteln. • Das Öl in einer tiefen Pfanne oder in einem Topf erhitzen. Die Zwiebel- und Knoblauchstückchen darin glasig braten. Das Rindfleisch hinzufügen und halb gar braten. Die Bohnen, die Paprikastreifen, die Peperonistreifen und die Tomatenachtel zugeben und alles bei mittlerer Hitze braten. Mit der restlichen süßen indonesischen Sojasauce, dem Zitronensaft, dem Glutamat, Salz und Pfeffer abschmecken. Dann die Glasnudeln untermischen. 2 Minuten bei starker Hitze braten. Danach vom Herd nehmen und heiß servieren.

Das paßt dazu: Körnig gekochter Reis und Krabbenbrot (Rezept Seite 19).

Gulasch Sumatra

Rendang Daging

800 g Rindfleisch (Schulter oder Bein) · 3 Eßl. Rendanggewürz (1 Päckchen) · 2 Eßl. gemahlene Kemirinüsse · 3 Eßl. Wasser · 3 Eßl. Öl · 100 g Sahne · ⅛ l Milch · 1 daumendickes Stück frische Ingwerwurzel · 4 Zitronenblätter · 1 Teel. Sambal Olek · Saft von 1 Zitrone · Salz · 1 Prise Zucker

● Zubereitungszeit: 1 Stunde 15 Minuten

So wird's gemacht: Das Rindfleisch in mundgerechte Würfel schneiden. Das Rendanggewürz und die Kemirinüsse mit dem Wasser verrühren. • Das Öl in einem größeren Topf erhitzen. Die Gewürzpaste darin anbraten. Die Fleischwürfel hineingeben und 1 Minute anbraten. Die Sahne und die Milch hinzufügen. Bei schwacher Hitze schmoren. Ab und zu umrühren. • Das Ingwerwurzelstück schälen und in Stückchen schneiden. • Nach 20 Minuten Schmorzeit die gewaschenen Zitronenblätter, das Sambal Olek, den Zitronensaft, die Ingwerstückchen, Salz und den Zukker untermischen. Weiter schmoren, bis das Fleisch zart wird und sich eine dicke Milch-Sahne-Sauce bildet. • Vor dem Servieren die Zitronenblätter entfernen.

Das paßt dazu: Reis und Salat.

Fisch auf indonesische Art

Wie die Mutter ihr Kind, so lieben die Indonesier die bunt garnierten Fischgerichte. Zur großen Mahlzeit und zum festlichen Essen gehört mindestens ein Fischgericht. Besondere Aufmerksamkeit widmet man auch der Zubereitung der köstlich schmeckenden Krabben. Dekorativ angerichtet, sind sie eine wahre Augenweide.

Kabeljaufilets in würziger Sauce

Ikan Pecal

3 Teel. Tamarindenmus (1 daumendickes Stück Tamarinde in 2 Teel. heißem Wasser einweichen) · 100 g frische Kokosnußraspeln · ⅛ l Wasser · 500 g Kabeljaufilet · 3 Zwiebeln · 3 Knoblauchzehen · 1 daumendickes Stück frische Ingwerwurzel · 4 Haselnüsse · 1 Bund frisches Basilikum · 1 Teel. Sambal Olek · 1 Teel. Shrimpspaste (je nach Wunsch, siehe »Besondere indonesische Zutaten und Gewürze«) · Salz · 2 Eßl. Öl · 8 Zitronenscheiben

- Marinierzeit: 20 Minuten
- Zubereitungszeit: 40 Minuten

So wird's gemacht: Die eingeweichte Tamarinde kneten und durch ein Sieb geben. Die Kokosnußraspeln mit dem heißen Wasser übergießen, zugedeckt auskühlen lassen, gut vermischen und die Milch durch ein Sieb auspressen. Die Fischfilets in 8–12 Stücke schneiden. • Für eine Marinade die Zwiebeln, die Knoblauchzehen und die Ingwerwurzel schälen und zerhacken. Die Haselnüsse im Mörser zerstoßen. Das Basilikum waschen und zerhacken. Die zerkleinerten Zutaten mit dem Sambal Olek, der Shrimpspaste, Salz, dem Tamarindenmus und der Kokosnußmilch mischen. Die Fischstücke darin marinieren. • Das Öl in einer Pfanne erhitzen und die Filets 15 Minuten darin braten. Ab und zu mit etwas Marinade begießen. • Während der Fisch brät, eine kleine Pfanne erhitzen und den Rest der Marinade zu einer cremigen Sauce schmoren. • Wenn der Fisch gar ist, auf eine warme Platte geben. Die Sauce darübergießen. Mit den Zitronenscheiben garnieren.

Das paßt dazu: Körnig gekochter Reis, Sambal Olek, Salat oder Gemüse.

Mein Tip Dieses Rezept ist auch für Dorsch oder Schellfisch sehr gut geeignet. – Die marinierten Fischfiletstücke schmecken auch gegrillt ausgezeichnet.

Gebackener Fisch in pikanter Sauce

Bumbu Bali Ikan

4 Fischfilets (Kabeljau oder Schellfisch) · Salz · Pfeffer · 1 Zwiebel · 2 Knoblauchzehen · 2 reife Tomaten · je 1 daumendickes Stück Galgantwurzel und frische Ingwerwurzel · 3 Eßl. Tamarindenmus (1 daumendickes Stück Tamarinde in 2 Eßl. heißem Wasser einweichen) · ¼ l Öl (Sonnenblumenöl) · 1 Teel. Sambal Olek · ½ Teel. Shrimpspaste (je nach Wunsch, siehe »Besondere indonesische Zutaten und Ge-

Exotische Köstlichkeiten ganz besonderer Art sind ▷ die Makrelen mit Basilikum. Die Zubereitung erfordert weniger Mühe, als man denkt (Rezept auf dieser Seite).

würze«) · ½ Stange Zitronengras · 2 indonesische Lorbeerblätter · 1 Eßl. süße indonesische Sojasauce · ⅛ l Wasser · Pfeffer · ½ Bund Schnittlauch (oder Koriandergrün)

- Zubereitungszeit: 45 Minuten

So wird's gemacht: Die Fischfilets mit Salz und Pfeffer einreiben und ziehen lassen. • Die Zwiebel und die Knoblauchzehen schälen und feinhacken. Die Tomaten einritzen, mit heißem Wasser überbrühen, schälen, entkernen und feinhacken. Die Galgant- und die Ingwerwurzel schälen und in dünne Scheiben schneiden. • Die Tamarinde mit dem heißen Wasser verkneten und durch ein Sieb geben. • Das Öl in einem Fritiertopf erhitzen. Die Fischfilets darin schwimmend goldgelb backen, auf Küchenkrepp abtropfen lassen und warm stellen. • 2 Eßlöffel Öl in einer Pfanne erhitzen. Die Zwiebel- und Knoblauchstückchen, die Galgant- und Ingwerwurzelscheiben mit dem Sambal Olek und der Shrimpspaste darin 3 Minuten braten. Dann die gehackten Tomaten sowie das gewaschene und zerquetschte Zitronengras, die indonesischen Lorbeerblätter und die indonesische süße Sojasauce zufügen. Mit dem Wasser aufgießen. Die Sauce aufkochen und mit Salz und Pfeffer abschmecken. Die Sauce bei mittlerer Hitze 15 Minuten kochen, bis sie dicklich wird. • Zum Anrichten die Fischfilets auf eine längliche Platte geben. Die Galgant- und Ingwerwurzelscheiben, das Zitronengras und die indonesischen Lorbeerblätter aus der Sauce nehmen. Die Sauce heiß über die Filets gießen. Mit Schnittlauchröllchen oder Koriandergrün garnieren.

Das paßt dazu: Körnig gekochter Reis.

Mein Tip Anstelle von Galgant- und Ingwerwurzel kann man auch Pulver verwenden (jeweils ½ Teelöffel). Die Tomaten können durch 1 Eßlöffel Tomatenmark ersetzt werden. Um Zeit zu sparen, kann man die Fischfilets in der Pfanne schmoren. Dann muß man allerdings zuerst mit der Zubereitung der Sauce in einer separaten Pfanne beginnen, da die Garzeit für die Sauce etwas länger ist. Während der Schmorzeit auf den Fisch achten! Nicht anbrennen lassen!

Makrelen mit Basilikum auf javanische Art

Pepesan
Bild gegenüber

Pepesan kann heiß oder kalt als Vorspeise oder als Hauptgericht gereicht werden.

4 Makrelen von 150–200 g pro Stück · Salz · 5 frische Zitronenblätter · 1 Bund frisches Basilikum · 2 frische (oder getrocknete) Peperoni · 100 g frische Kokosnußraspeln · 2 Eßl. Wasser · 2 Teel. Pfeffer · Alufolie

- Zubereitungszeit: 45 Minuten

So wird's gemacht: Die Makrelen putzen, die Kiemen entfernen (oder den Fischkopf ab-

◁ Die in aller Welt beliebten Frühlingsrollen werden in Indonesien nach Art des Landes zubereitet. Grüner Salat paßt sehr gut dazu (Rezept Seite 21).

schneiden und den Schwanz abhacken). Den Fisch auf beiden Seiten rautenförmig einkerben, innen und außen mit Salz einreiben. Das Salz einziehen lassen. Die Zitronenblätter, die Basilikumblätter und die Peperoni waschen und feinhacken. • Die Kokosnußraspeln mit dem Wasser anfeuchten und dann zusammen mit den gehackten Kräutern, den gehackten Peperoni, Salz und Pfeffer zu einer dicken Paste mischen. • Den Backofen auf 250° vorheizen. • Einen Teil der Paste in den Bauch der Makrele füllen, mit dem Rest die Makrelen außen dick bestreichen. Die Fische mit Alufolie umhüllen und in den vorgeheizten Backofen (Gas Stufe 5) geben und etwa 30 Minuten braten.
Das paßt dazu: körnig gekochter Reis, Salat und Sambal-Sojasauce (Rezept Seite 54).

Mein Tip Eine pikante Note erhält die Kräuterpaste, wenn man sie mit 2 Eßlöffeln Krabbenpaste mischt. Die Indonesier stellen die Fische auch nach dem Grillen über Nacht kalt, backen sie am folgenden Tag kurz auf und servieren sie erst dann.

Krabben in Currysauce

Kari Udang

100 g frische Kokosnußraspeln · ⅛ l Wasser · 500 g frische, geschälte Krabben · Salz · Pfeffer · 1 Eßl. Kokosfett · je 1 daumendickes Stück Ingwer- und Galgantwurzel · 2 Teel. Sambal Olek · 2 kleine Stücke frische Gelbwurz (oder 1 Teel. Gelbwurzpulver) · 8 gemahlene Kemiri- oder Haselnüsse · 1 Eßl. Öl · 1 Teel. Shrimpspaste (je nach Wunsch, siehe »Besondere indonesische Zutaten und Gewürze«) · 1 Stange Zitronengras · Salz · Pfeffer · 1 Bund Koriandergrün

- Zubereitungszeit: 40 Minuten

So wird's gemacht: Die Kokosnußraspeln mit dem heißen Wasser übergießen, zugedeckt stehen lassen und nach dem Abkühlen die Kokosnußmilch durch ein Sieb auspressen. • Die Krabben mit Salz und Pfeffer würzen. • Das Kokosfett in einer Pfanne erhitzen. Die Krabben darin rosig anbraten, herausnehmen und zur Seite legen. • Die Ingwer- und die Galgantwurzel schälen und in dünne Streifen schneiden. Beides mit dem Sambal Olek, der geschälten und kleingehackten Gelbwurz und den gemahlenen Nüssen zu einer Paste mischen. • Das Öl in einer Pfanne erhitzen, die Paste 2 Minuten anbraten. Die Galgantwurzelscheibchen und die Shrimpspaste hinzufügen, 4 Eßlöffel Wasser zugießen und alles zum Kochen bringen. Nach 5 Minuten die Hitze kleiner stellen, die Kokosnußmilch und das zerquetschte, in kleine Stücke geschnittene Zitronengras hinzufügen. 1 Minute kochen lassen. Die Krabben wieder in die Sauce geben und 3–5 Minuten schmoren. Mit Salz und Pfeffer abschmecken. Vor dem Servieren das Zitronengras entfernen. Mit Koriandergrün garnieren.

Das paßt dazu: Körnig gekochter Reis, Sambal Olek, Gemüse und Salat.

Krabben in der Folie

Udang Pepes

Die Krabben in der Folie eignen sich gut als Vorspeise.

3 Knoblauchzehen · 1 Bund frisches Basilikum · 125 g Kokosnußraspeln · 100 g Sahne · 1 Eßl. Shrimpspaste (je nach Wunsch, siehe »Besondere indonesische Zutaten und Gewürze«) · 1 Eßl. edelsüßes Paprikapulver · Salz · ½ Teel. Glutamat · 2 Stück Alufolie (DIN-A4-Blatt-Größe) · 500 g frische, geschälte Krabben

- Zubereitungszeit: 40 Minuten

So wird's gemacht: Die Knoblauchzehen schälen und feinhacken. Die Basilikumblätter waschen und feinhacken. • Die Kokosnußraspeln mit der Sahne in einen Topf geben und langsam zum Kochen bringen. Die Knoblauchstückchen, die gehackten Basilikumblätter, die Shrimpspaste und das Paprikapulver daruntermischen. Mit Salz und dem Glutamat abschmecken. • Den Backofen auf 200° vorheizen. • Den Topf vom Herd nehmen und den Inhalt in 2 gleiche Portionen teilen. Auf je 1 Stück Alufolie die Hälfte der gewürzten Kokosnußraspeln legen und die Hälfte der Krabben in die Mitte geben. Die Folien jeweils zusammenrollen und im Backofen 20 Minuten braten.

Das paßt dazu: Gelber Reis, gedämpfter Reis oder Klebreis (Rezept Seite 11 ff.), Pikanter Fruchtsalat (Rezept Seite 26) und Frische Tomaten-Sambal-Sauce (Rezept Seite 54).

Langustinen in Chilisauce

Sambal Goreng Udang

3 rote Peperoni · 2 Knoblauchzehen · 3 große Zwiebeln · 3 Eßl. Öl · 700 g frische, geschälte Langustinen · 5 Zitronenblätter · 1 Teel. Shrimpspaste (je nach Wunsch, siehe »Besondere indonesische Zutaten und Gewürze«) · 2 Eßl. Sambal Olek · 100 g Sahne · 4 Eßl. Milch · Salz · Pfeffer · 1 Prise Zucker · ½ Teel. Glutamat

- Zubereitungszeit: 1 Stunde

So wird's gemacht: Die Peperoni waschen, entkernen und feinschneiden. Die Knoblauchzehen und die Zwiebeln schälen und feinschneiden. • Das Öl in einer großen Pfanne erhitzen und die Zwiebel- und Knoblauchstückchen darin glasig braten. Die Langustinen hinzufügen und rosig anbraten. Die Peperoni, die gewaschenen Zitronenblätter, die Shrimpspaste und das Sambal Olek hineingeben, gut mischen und 3 Minuten braten. Anschließend die Sahne und die Milch unterrühren. Mit Salz, Pfeffer, dem Zucker und dem Glutamat abschmecken. Bei schwacher Hitze alles gut verrühren und 10 Minuten schmoren.

Das paßt dazu: Körnig gekochter Reis und Salat.

Mein Tip Statt frischer Peperoni können Sie 2 Eßlöffel Sambal Olek verwenden.

Geflügelgerichte mit Tradition

Was das Fleisch anbelangt, so liegt das Schwergewicht in der indonesischen Küche auf dem Geflügel – insbesondere auf dem Hühnerfleisch. Alle Inselküchen bereiten es mit viel Liebe und Mühe zu. Der Hobbykoch wird aus diesem Kapitel mancherlei wertvolle Anregungen für seine Kochkunst gewinnen können.

Enten-Chop-Suey

Bebek Chop Suey
Bild 2. Umschlagseite

500 g Entenfleisch (etwa ½ Ente) · ½ Teel. Ngo-Huang-Gewürz · 3 Eßl. helle chinesische Sojasauce · 1 Stange Lauch/Porree · ½ Bund Lauchzwiebeln · 2 Möhren · 2 Eßl. Öl · 1 daumendickes Stück frische Ingwerwurzel · 3 Eßl. Wasser · Salz · Pfeffer · 1 Eßl. süße indonesische Sojasauce

- Zubereitungszeit: 45 Minuten

So wird's gemacht: Das Entenfleisch samt Haut in sehr feine Streifen schneiden, mit einer Beize aus dem Ngo-Huang-Gewürz und der hellen chinesischen Sojasauce würzen und 15 Minuten ziehen lassen. • Die Lauchstange putzen (die äußeren Blätter entfernen, die Wurzeln und die Enden der grünen Blattseiten entfernen), längs aufschneiden und beim Waschen auseinanderbiegen, dann in dünne Streifen schneiden. Die Lauchzwiebeln putzen (Wurzeln entfernen), waschen und samt den Stengeln in feine Streifen schneiden. Die Möhren schälen und in dünne Streifen schneiden. Die Ingwerwurzel waschen, schälen, erst in Scheiben und dann in dünne Streifen schneiden. • Das Öl in einem Wok erhitzen und das gebeizte Entenfleisch darin anbraten. Die zerkleinerten Zutaten unterrühren, das Wasser zugeben und alles aufkochen lassen. Mit Salz, Pfeffer und süßer indonesischer Sauce abschmecken und 15 Minuten im Wok schmoren lassen.

Das paßt dazu: Weißer Reis (Rezept Seite 11) und gemischter Salat.

Ente in Bananenblättern

Bebek Betutu

1 Ente von 1½ kg · 2 frische rote Peperoni · 10 Kemiri- oder Haselnüsse · 1 Teel. Shrimpspaste (je nach Wunsch, siehe »Besondere indonesische Zutaten und Gewürze«) · 2 Teel. geriebene frische Gelbwurz oder 1 Teel. Gelbwurzpulver · ½ Teel. Kardamompulver · 2 Teel. Salz · 1 Teel. weißer Pfeffer · 1 daumendickes Stück Ingwerwurzel · 1 Zwiebel · 3 Knoblauchzehen · 2 Eßl. Kokosfett oder Sonnenblumenöl · 4 frische Bananenblätter oder Alufolie (Vorbereitung der Bananenblätter siehe Seite 8)

- Zubereitungszeit: 2½–3 Stunden

So wird's gemacht: Die Ente waschen und abtropfen lassen. Mit Küchenkrepp innen und außen abtrocknen. • Die Peperoni waschen, entkernen und feinhacken. • Die Kemiri- oder Haselnüsse im Mörser zerstoßen. Beides mit der Shrimpspaste, der geriebenen Gelbwurz, dem Kardamompulver, dem Salz und dem

Pfeffer zu einer Paste mischen. • Die Ingerwurzel, die Zwiebel und die Knoblauchzehen schälen und kleinschneiden. 1 Eßlöffel Kokosfett oder Sonnenblumenöl in einer Pfanne erhitzen. Die Ingwer-, Zwiebel- und Knoblauchstückchen darin glasig braten, dann die Shrimpspaste beigeben und alles 3 Minuten anbraten. Vom Herd nehmen. • Den Backofen auf 180° vorheizen. • Die Ente mit der Gewürzpaste füllen und zunähen. Die Haut mit Salz, Pfeffer und 1 Eßlöffel Kokosfett oder Sonnenblumenöl einreiben. Die Bananenblätter waschen und die Ente damit mehrfach umwickeln. Das Paket mit Bambuszahnstochern oder Schnüren zusammenhalten. Einfacher: Die Ente in ein passendes Stück Alufolie packen und im Backofen 1½–2 Stunden bei 180° braten. Soll die Haut sehr knusprig sein, die Bananenblätter oder die Alufolie in den letzten 10 Minuten der Bratzeit entfernen und die Ente bei 250° fertig braten.

Das paßt dazu: Reis und Gemüse.

Knoblauchhuhn in süßer Sojasauce

Ajam Kecap Bawang Putih

1 Brathähnchen (etwa 1½ kg) · 5 Eßl. süße indonesische Sojasauce (siehe »Besondere indonesische Zutaten und Gewürze«) · Saft von 1 Zitrone · 2 Eßl. Zucker · ½ Teel. Glutamat · Salz · Pfeffer · 6 Knoblauchzehen · 2 Eßl. Öl · 1 Teel. Butter

- Marinierzeit: mindestens 1 Stunde
- Zubereitungszeit: 1 Stunde

So wird's gemacht: Das Hähnchen in mundgerechte Stücke schneiden. • Die süße indonesische Sojasauce mit dem Zitronensaft, dem Zucker, dem Glutamat, Salz und Pfeffer zu einer Marinade vermischen. Das Hähnchen hineingeben, gut mit der Marinade bedecken und im Kühlschrank mindestens 1 Stunde ziehen lassen – je länger desto besser. • Die Knoblauchzehen schälen und feinhacken. • Das Öl in einer großen Pfanne erhitzen. Das Hähnchen mit der Marinade hineinlegen und bei mittlerer Hitze braten. Dann und wann umrühren, bis die Marinade zu einer dicken Sauce geworden ist. Dann den feingehackten Knoblauch und die Butter daruntermischen. Heiß servieren.

Das paßt dazu: Weißer Reis (Rezept Seite 11), Sambal Olek und Gurkensalat.

Scharf gewürztes Paprikahuhn

Ajam Rujak

50 g Glasnudeln · 1 gebratenes Hähnchen (etwa 1 kg) · 3 grüne Paprikaschoten · 2 Knoblauchzehen · 1 große Zwiebel · 1 Eßl. Öl · 1 Teel. Sambal Olek · Saft von 1 Zitrone · 3 Eßl. süße indonesische Sojasauce (siehe »Besondere indonesische Zutaten und Gewürze«) · 2 Teel. Zucker · ⅛ l Wasser · Salz · Pfeffer · ½ Teel. Glutamat

- Zubereitungszeit: etwa 1 Stunde

So wird's gemacht: Die Glasnudeln 10 Minuten in warmem Wasser einweichen. Das

Hähnchenfleisch vom Knochen ablösen und in Streifen schneiden. Die Paprikaschoten waschen, entkernen und in Streifen schneiden. Die Knoblauchzehen und die Zwiebel schälen und feinhacken. Die Glasnudeln aus dem Wasser herausnehmen, abtropfen lassen und in kurze Stücke schneiden. • Das Öl in einem Topf erhitzen. Die Knoblauch- und Zwiebelstückchen beigeben und glasig anbraten. Das Sambal Olek unterrühren. Das Hähnchenfleisch und die Paprikastreifen zusammen mit dem Zitronensaft, der süßen indonesischen Sojasauce, dem Zucker und dem Wasser dazugeben. Mit Salz, Pfeffer und dem Glutamat abschmecken. Das Ganze kurz zum Kochen bringen. Die Glasnudeln untermischen und alles bei schwacher Hitze 5 Minuten schmoren. Heiß servieren.

Das paßt dazu: Körnig gekochter Reis, Salat und Krupuk (Nuß- oder Krabbenbrot).

Ingwerhuhn mit Zitronengras

Ajam Sereh

1 Brathähnchen (von etwa 1 kg) · Salz · 2 Zwiebeln · 2 Knoblauchzehen · 1 daumendickes Stück frische Ingwerwurzel · 2–3 Stangen frisches Zitronengras · 1 Eßl. Öl · 2 Eßl. Shrimpspaste (je nach Wunsch, siehe »Besondere indonesische Zutaten und Gewürze«) · 100 g Sahne (oder Kokosnußmilch aus der Dose) · Salz · Pfeffer · 1 Teel. Zucker · 1 Teel. Glutamat

- Zubereitungszeit: 1 Stunde 30 Minuten

So wird's gemacht: Das Huhn in kleine Stücke zerteilen und mit Salz einreiben. Die Zwiebeln und die Knoblauchzehen schälen und feinhacken. Die Ingwerwurzel schälen und in dünne Streifen schneiden. Den unteren Teil des gewaschenen Zitronengrases ebenfalls in dünne Streifen schneiden. • Das Öl in einem größeren Topf erhitzen. Die Zwiebel- und Knoblauchstückchen darin glasig braten. Die Shrimpspaste zugeben und kurz aufkochen lassen. Die Ingwer- und Zitronengrasstreifen zufügen und alles 5 Minuten dünsten. Das Huhn hineinlegen und die Sahne (oder die Kokosnußmilch) daruntermischen. Mit Salz, Pfeffer, dem Zucker und dem Glutamat abschmecken. Bei schwacher Hitze 20–30 Minuten schmoren.

Das paßt dazu: Reis und Krupuk (Nuß- oder Krabbenbrot, siehe »Besondere indonesische Zutaten und Gewürze«).

Mein Tip Wenn Sie gern scharf essen, können Sie frische Peperoni kleinhacken und vor dem Servieren zufügen. Das Zitronengras, das dem Gericht einen besonders aromatischen Geschmack verleiht, können Sie auch nach dem Schmoren wieder entfernen. Dann brauchen Sie das Zitronengras nur in kurze Stücke schneiden; das Feinschneiden erübrigt sich in diesem Fall.

Hähnchen Sumatra

Ajam Bumbu Vudjak

1 Brathähnchen (von etwa 1½ kg) · Salz · 2 Eßl. Butter · 3 Eßl. Tamarindenmus (1 daumendickes Stück Tamarinde in 2 Eßl. heißem Wasser einweichen) · 100 g frische Kokosnußraspeln · ¼ l Wasser · 1 Eßl. Kokosfett oder Sonnenblumenöl · 2 Eßl. Sumatra-Peperonipaste (Fertigprodukt) · 1 Teel. Shrimpspaste (je nach Wunsch, siehe »Besondere indonesische Zutaten und Gewürze) · Saft von ½ Zitrone · 1 Prise Glutamat

● Zubereitungszeit: 50 Minuten

So wird's gemacht: Den Backofen auf 250° vorheizen. • Das Hähnchen in 4 Stücke teilen. Die Stücke mit Salz und zerlassener Butter bestreichen und in einen Bräter geben. Auf der zweiten Schiebeleiste von unten im Backofen etwa 30 Minuten halb gar braten. • Während der Bratzeit die Tamarinde verkneten und durch ein Sieb geben. • Die Kokosnußraspeln mit ⅛ l heißem Wasser übergießen, zugedeckt abkühlen lassen und die Milch durch ein Sieb auspressen. • Das Kokosfett oder Sonnenblumenöl in einem Schmortopf erhitzen. Dann die Peperonipaste, das Tamarindenmus, die Kokosnußmilch, die Shrimpspaste und den Zitronensaft zugeben, mit ⅛ l Wasser aufgießen, aufkochen lassen und die Hähnchenstükke zufügen. Mit Salz und dem Glutamat abschmecken. Bei schwacher Hitze in etwa 20 Minuten fertig schmoren.

Das paßt dazu: Reis, grüner Salat, Gurkensalat oder gemischter Salat je nach Saison.

Huhn mit Kokusnußraspeln aus Celebes

Bundu Bundu Makasar

1 Brathähnchen (von etwa 1½ kg) · Salz · Pfeffer · 1 Zwiebel · 2 Knoblauchzehen · 70 g Kokosnußraspeln · 1 Eßl. Sonnenblumenöl · 1 Teel. Korianderpulver · 1 Teel. Kreuzkümmelpulver · 1 Stange Zitronengras · 2 Zitronenblätter · 50 g Sahne

● Zubereitungszeit: 1 Stunde

So wird's gemacht: Das Hähnchenfleisch vom Knochen lösen, in kleine Würfel schneiden, mit Salz und Pfeffer einreiben und ziehen lassen. • Die Zwiebel und die Knoblauchzehen schälen und feinhacken. • Eine Pfanne erhitzen und die Kokosnußraspeln darin bei schwacher Hitze goldbraun anrösten; dabei ständig umrühren, damit sie nicht abrennen. Vom Herd nehmen und beiseite stellen. • Das Öl in einer Pfanne erhitzen. Die Knoblauch- und Zwiebelstückchen darin glasig braten. Dann das Koriander- und das Kreuzkümmelpulver unterrühren. Das gewaschene Zitronengras und die kleingeschnittenen Zitronenblätter zufügen und alles 2 Minuten braten. Das Hähnchenfleisch hinzufügen und 5 Minuten halb gar braten. Anschließend die Kokosnußraspeln und die Sahne beigeben und aufkochen lassen. Ununterbrochen rühren, bis die Sahne verkocht ist. Mit Salz abschmecken. Das Gericht muß trocken sein. Vor dem Servieren das Zitronengras und die Zitronenblätter entfernen.

Das paßt dazu: Reis und Salat.

Huhn in Currysauce auf javanische Art

Karee Ajam Java Timur

1 Brathähnchen (von etwa 1½ kg) · Salz · Pfeffer · 200 g Kokosnußcreme · ⅛ l Wasser · 1 große Zwiebel · 3 Knoblauchzehen · 1 Stange Zitronengras · 2 Eßl. Sonnenblumenöl · 2 Teel. Shrimpspaste (je nach Wunsch, siehe »Besondere indonesische Zutaten und Gewürze«) · 1 Teel. Ingwerpulver · 1 Teel. Korianderpulver · 2 Teel. Gelbwurzpulver · 3 Zitronenblätter

- Zubereitungszeit: 35 Minuten

So wird's gemacht: Das Hähnchen in 8 Stücke zerteilen. Mit Salz und Pfeffer einreiben und ziehen lassen. Die Kokosnußcreme mit dem heißen Wasser zu Kokosnußmilch verdünnen. • Die Zwiebel und die Knoblauchzehen schälen und feinhacken. Das gewaschene Zitronengras in kleine Stücke schneiden. • Das Öl in einem Topf erhitzen. Die Knoblauch- und Zwiebelstückchen darin glasig braten. Die Hähnchenstücke hineingeben und kurz anbraten. Die Shrimpspaste, das Ingwerpulver, das Korianderpulver und das Gelbwurzpulver daruntermischen und alles 3 Minuten braten. Anschließend das Zitronengras, die gewaschenen Zitronenblätter und die Kokosnußmilch beifügen. Das Hähnchen in der Sauce 15 Minuten schmoren lassen. Mit Salz und Pfeffer abschmecken. Vor dem Servieren das Zitronengras und die Zitronenblätter herausnehmen.

Das paßt dazu: Reis und Gurkensalat.

Scharfes Huhn mit Zitronenblättern

Ajam Pedis

1 Brathähnchen (von etwa 1 kg) · Salz · Pfeffer · 3 Zwiebeln · 3 Knoblauchzehen · ¼ l Öl · 5 Zitronenblätter · Saft von 1 Zitrone · 1 Eßl. Sambal Olek oder Sambal Trasi (siehe »Besondere indonesische Zutaten und Gewürze«) · 4 Eßl. süße indonesische Sojasauce · ½ Teel. Glutamat · 1 Teel. Zucker

- Zubereitungszeit: 1 Stunde 30 Minuten

So wird's gemacht: Das Hähnchen in 8 Stücke zerteilen, mit Salz und Pfeffer einreiben. Die Zwiebeln schälen und in Streifen schneiden, die Knoblauchzehen schälen und feinhakken. • Das Öl in einem Fritiertopf erhitzen. Die Hähnchenteile goldgelb braten, dann herausnehmen und auf Küchenkrepp abtropfen lassen. • 1 Eßlöffel Öl in einem Topf erhitzen, die Zwiebelstreifen und die gehackten Knoblauchstückchen beigeben und glasig braten. Die gewaschenen Zitronenblätter, den Zitronensaft, das Sambal Olek oder Sambal Trasi und die süße indonesische Sojasauce unterrühren. Mit dem Glutamat, dem Zucker, Salz und Pfeffer abschmecken. • Anschließend die abgetropften Hähnchenstücke hineingeben und alles 10 Minuten schmoren. Die Zitronenblätter vor dem Servieren entfernen.

Das paßt dazu: Reis und grüner Salat.

Aus der indonesischen Saucenküche

Raffiniert zubereitet ▷ werden die Eier in Chilisauce (Rezept Seite 33).

Die indonesische Küche ist mehr als manch andere asiatische Küche reich an Saucen: Sie verleihen den Speisen den besonderen indonesischen Geschmack.

Frische Tomaten-Sambal-Sauce

Tomato-Sambal

4 reife Tomaten · 2 kleine Zwiebeln · 1 frische rote Peperone · 1 Teel. Shrimpspaste (je nach Wunsch, siehe »Besondere indonesische Zutaten und Gewürze«) · 6 Eßl. Wasser · Salz

- Zubereitungszeit: 15 Minuten

So wird's gemacht: Die Tomaten einritzen, mit kochendem Wasser überbrühen, enthäuten und entkernen. Die Zwiebeln schälen und vierteln. Die Peperone waschen, entkernen und zerteilen. • Alles mit der Shrimpspaste, dem Wasser und Salz in einen Mixer geben und pürieren (oder im Mörser zerstampfen). • In einem luftdichten Topf im Kühlschrank höchstens 3 Tage aufbewahren.

Paßt gut zu: Reis-, Fleisch- und Fischgerichten.

Sambal-Sojasauce

Sambal Kecap

1 frische rote Peperone · 2 Knoblauchzehen · 4 Eßl. süße indonesische Sojasauce (siehe »Besondere indonesische Zutaten und Gewürze«)

- Zubereitungszeit: 5 Minuten
- Ruhezeit: 1 Stunde

So wird's gemacht: Die Peperone waschen und entkernen, dann zerkleinern. Die Knoblauchzehen schälen. Beides im Mörser zu einer Paste zerstampfen. Die Sojasauce in einer Schüssel gut mit der Paste mischen. Vor dem Servieren 1 Stunde ruhen lassen.

Paßt gut zu: Reis, Nudeln, Fisch und Geflügel.

Tufu-Erdnußsauce

Sambal Kacang Tahu

125 g Erdnußpaste (siehe »Besondere indonesische Zutaten und Gewürze«) · 2 Eßl. Wasser · Saft von 1 Zitrone · 1 Teel. Zucker · Salz

- Zubereitungszeit: 5 Minuten

So wird's gemacht: Die Erdnußpaste mit warmem Wasser erhitzen. Die Sauce soll leicht cremig sein. • Die Sauce vom Herd nehmen. Den Zitronensaft untermischen. Mit dem Zucker und dem Salz abschmecken.

Paßt gut zu: Gerichten mit Sojabohnenquark.

Erdnußsauce

Bambu Kacang

⅛ l Wasser · ¼ l Erdnußpaste (siehe »Besondere indonesische Zutaten und Gewürze«) · 1 Teel. Sambal Olek · ½ Teel. Glutamat ·

MBAL OELEK

◁ Kokosnußraspeln verleihen vielen indonesischen Gerichten die pikante Note. Das Rezept Rindfleisch mit Kokosnußraspeln ist hierfür ein Beispiel (Rezept Seite 40).

1 Eßl. Zitronensaft · 2 Eßl. süße indonesische Sojasauce · 1 Prise Zucker · Salz

- Zubereitungszeit: 15 Minuten

So wird's gemacht: Das Wasser in einem Topf erhitzen. Die Erdnußpaste einrühren. Aufkochen lassen. Mit dem Sambal Olek, dem Glutamat, dem Zitronensaft, der süßen indonesischen Sojasauce, dem Zucker und Salz abschmecken. 5 Minuten abkühlen lassen.

Paßt gut zu: allen Arten von Spießchen (Huhn, Schwein, Rind, Lamm oder Hammel).

Erdnußsauce für Satee

Sambal Kacang Satee

3 Knoblauchzehen · 2 Zitronenblätter · 200 g geröstete, feingemahlene Erdnüsse · 1 Teel. Sambal Olek · ⅛ l Wasser · Saft von 1 Zitrone · Salz · 1 Prise Zucker · 5 Eßl. süße indonesische Sojasauce (siehe »Besondere indonesische Zutaten und Gewürze«) · 4 Teel. Röstzwiebeln (1 Päckchen oder selbst gemacht aus 2 Zwiebeln, Rezept Seite 31)

- Zubereitungszeit: 25 Minuten

So wird's gemacht: Die Knoblauchzehen und die gewaschenen Zitronenblätter ganz fein hacken. • Beides mit den Erdnüssen, dem Sambal Olek und dem Wasser in einen Topf geben. Alles bei mittlerer Hitze kochen, bis eine cremige Sauce entsteht. • Dann den Zitronensaft hinzufügen. Mit Salz, dem Zucker und der süßen indonesischen Sojasauce abschmecken. Die Röstzwiebeln unterrühren.

Paßt gut zu: Grillgerichten und Salaten.

Würzige Sojasauce

Bumbu-Kecap

1–2 frische Peperoni (oder 1 Teel. Sambal Olek) · ⅛ l süße indonesische Sojasauce (siehe »Besondere indonesische Zutaten und Gewürze«) · Saft von ½ Zitrone · 2 Zwiebeln

- Zubereitungszeit: 10 Minuten

So wird's gemacht: Die gewaschenen Peperoni entkernen und feinhacken. Mit der süßen indonesischen Sojasauce und dem Zitronensaft vermischen. • Die Zwiebeln schälen und in feine Scheiben schneiden. Getrennt zur Sauce reichen.

Paßt gut zu: Reisgerichten, gegrillten Schweinespießchen (Satee Babi, Rezept Seite 36), gegrilltem Fisch und Krabben.

Shrimpssauce

Sambal Trasi

2 kleine Zwiebeln · 2 Knoblauchzehen · 2 frische rote Peperoni · 2 Eßl. Sonnenblumenöl · 2–3 Teel. Zucker · 2 Eßl. Shrimpspaste · Saft von 1 Zitrone

- Zubereitungszeit: 15 Minuten

So wird's gemacht: Die Zwiebeln und die Knoblauchzehen schälen. Die Peperoni waschen, entkernen und alles feinhacken. • Das Öl in einer Pfanne erhitzen. Die Zwiebeln, die Knoblauchzehen und den Zucker 2 Minuten darin braten. Die Shrimpspaste und die Peperoni unterrühren. Mit Zitronensaft abschmekken. • Im Glas luftdicht verschlossen, kann man die Shrimpssauce gut bis zu 2 Wochen aufbewahren.

Paßt gut zu: Pikantem Fruchtsalat (Rezept Seite 26), Reis- und Fischgerichten.

Pangsit-Goreng-Sauce Nr. 1

1 Knoblauchzehe · 1 daumendickes Stück frische Ingwerwurzel · 4 Eßl. Tomatenketchup · ½ Teel. Sambal Olek · 3 Eßl. süße indonesische Sojasauce (siehe »Besondere indonesische Zutaten und Gewürze«) · 1 Prise Glutamat

• Zubereitungszeit: 10 Minuten

So wird's gemacht: Die Knoblauchzehe und die Ingwerwurzel schälen und feinhacken. Mit den restlichen Zutaten gut verrühren.

Pangsit-Goreng-Sauce Nr. 2

1 frische Ananas · 2 Knoblauchzehen · 1 Bund Lauchzwiebeln (mit Lauchblättern) · 1 Eßl. Öl · 4 Eßl. Tomatenketchup · Salz · Pfeffer · 2 Eßl. Zucker · 2 Eßl. Essig · 1 Prise Glutamat

• Zubereitungszeit: 20 Minuten

So wird's gemacht: Die Ananas in Scheiben schneiden. Den holzigen Strunk entfernen. Die Scheiben schälen und kleinschneiden. Die Knoblauchzehen schälen und feinhakken. Die Lauchzwiebeln putzen (Wurzeln entfernen), samt Lauchstengeln waschen und kleinhacken. • Das Öl in einer tiefen Pfanne erhitzen. Die Knoblauchstückchen darin kurz anbraten. Die Ananas hineingeben. Das Tomatenketchup daruntermischen. Mit Salz, Pfeffer, dem Zucker, dem Essig und dem Glutamat abschmecken. Mit den feingehackten Lauchzwiebeln garnieren.

Paßt gut zu: Gebackenen Fledermäusen (Pangsit Goreng, Rezept Seite 20), gebackenen Fleisch-, Geflügel- und Fischgerichten.

Martabak-Sauce

Arabische Sauce

1 Teel. Sambal Olek · 4 Eßl. Tomatenketchup · 6 Eßl. süße indonesische Sojasauce (siehe »Besondere indonesische Zutaten und Gewürze«) · 1 Messerspitze Glutamat

• Zubereitungszeit: 5 Minuten

So wird's gemacht: Alle Zutaten gut verrühren.

Paßt gut zu: Arabischem Pfannkuchen (Rezept Seite 39), gebackenen Hähnchen und Fisch.

Vegetarische Küche

In Indonesien speist man gern vegetarisch. Keine Mahlzeit ist ohne frischen Salat und ein Gemüsegericht denkbar. Eine Schüssel Reis dazu, und schon ist ein Essen fertig – auch ohne Fleisch. Die vegetarische Küche gehört also praktisch zur indonesischen Alltagsküche. Und sie ist sehr beliebt. Kein Wunder, verstehen sich doch die indonesischen Köchinnen ganz ausgezeichnet auf diese Art von Gerichten.

Tahu-Frikadellen-Suppe

Sop Gimbal Tahu

300 g Sojabohnenquark (Tahu, siehe »Besondere indonesische Zutaten und Gewürze«) · 2 Knoblauchzehen · 100 g frische Sojabohnenkeimlinge · 1 Ei · 4 Teel. Röstzwiebeln (1 Packung oder selbst gemacht aus 2 Zwiebeln, Rezept Seite 31) · Salz · Pfeffer · ½ Teel. Glutamat · ½ l geschmacksneutrales Fritieröl · ½ l Fleischbrühe · 1 daumendickes Stück frische Ingwerwurzel · Salz · Pfeffer

- Zubereitungszeit: 45 Minuten

So wird's gemacht: Den Sojabohnenquark mit einer Gabel zerdrücken. Die Knoblauchzehen schälen, die Sojabohnenkeimlinge waschen und beides feinhacken. Die Knoblauchzehenstückchen mit dem Sojabohnenquark, dem Ei, den Röstzwiebeln, Salz, Pfeffer und dem Glutamat zu einem dicken Teig vermischen. Die Sojabohnenkeimlinge unterrühren. Aus dem Teig Bällchen (Durchmesser etwa 3 cm) formen. • Das Fritieröl in einer Friteuse erhitzen. Die Bällchen darin goldbraun fritieren und auf Küchenkrepp abtropfen lassen. • Die Fleischbrühe zum Kochen bringen. Die Ingwerwurzel schälen, in sehr feine Streifen schneiden und in die Brühe geben. Mit Salz und Pfeffer abschmecken. • Kurz vor dem Servieren die goldbraunen Bällchen darin einmal aufkochen lassen.

Das paßt dazu: Weißer Reis (Rezept Seite 11) und Sambal Olek.

Arabischer Gemüsepfannkuchen

Martabak Sajur

4 Platten Strudelteig (Fertigprodukt) · 250 g frische Champignons · 4 große Zwiebeln · 1 Bund Lauchzwiebeln · 6 Eier · Salz · Pfeffer · ½ Teel. Glutamat · 4 Eßl. Öl

- Zubereitungszeit: 1 Stunde
- Garzeit (pro Stück): 5–7 Minuten

So wird's gemacht: Die Strudelteigplatten nach Packungsvorschrift behandeln. • Die Champignons putzen (Stielenden abschneiden) und waschen. Die Zwiebeln schälen. Die Lauchzwiebeln putzen (Wurzeln abschneiden) und samt Lauchstengeln waschen. Alles feinhacken. • Die Eier verquirlen und mit dem gehackten Gemüse mischen. Mit Salz, Pfeffer und Glutamat abschmecken. • Die Strudelteigplatten auf einer bemehlten Arbeitsfläche auf die Größe eines DIN-A4-Blattes ausrollen. • Für die 4 Pfannkuchen nacheinander je 1 Eßlöffel Öl bei mittlerer Hitze in einer Pfanne erwärmen. Je 1 Strudelteigblatt hineingeben und mit ¼ der Gemüsefüllung bedecken. Das Teigblatt wie einen Briefumschlag falten. Mit einem Holzlöffel den Kuchen glatt und flach drücken, bis er gelbbraun wird. Dann umdrehen und nochmals den gleichen Vorgang wiederholen. Die Hitze darf nicht zu groß sein, sonst brennt der Pfannkuchen an!

Das paßt dazu: Martabak-Sauce (Rezept Seite 58), Reis und Salat.

Würzig gebackenes Sojabrot

Kering Tempe

500 g Sojabrot (siehe »Besondere indonesische Zutaten und Gewürze«) · 3 große Zwiebeln · 3 Knoblauchzehen · 2 kleine Peperoni · ¼ l geschmacksneutrales Fritieröl · 1 Eßl. Shrimpspaste (je nach Wunsch oder Sambal Olek) · 3 Eßl. Zucker · 3 Eßl. süße indonesische Sojasauce · Salz · ½ Teel. Glutamat

- Zubereitungszeit: 1 Stunde

So wird's gemacht: Das Sojabrot in 3 cm große Würfel schneiden. Die Zwiebeln schälen und in Ringe schneiden. Die Knoblauchzehen schälen, die geputzten Peperoni waschen, entkernen und beides feinschneiden. • Das Öl in einer Pfanne erhitzen. Bei mittlerer Hitze darin die Sojabrotwürfel fritieren. Auf Küchenkrepp abtropfen lassen. • Das Fritieröl bis auf 2 Eßlöffel aus der Pfanne nehmen. Diese erneut erhitzen, und die Zwiebeln und die Knoblauchzehen darin glasig anbraten. Die Shrimpspaste (oder das Sambal Olek), den Zucker, die Peperoni und das Sojabrot dazugeben. Mit der süßen indonesischen Sojasauce, Salz und dem Glutamat abschmecken. Das Ganze gut vermischen und 2 Minuten braten.

Das paßt dazu: Weißer Reis (Rezept Seite 11), Indonesisches Omelette (Rezept Seite 34) und gemischter Salat.

Gemüsetopf

Orak-Arik

1 kleiner Weißkohlkopf (750 g) · 500 g Möhren · 2 junge Zucchini · 1 Bund Lauchzwiebeln · 2 Zwiebeln · 2 Knoblauchzehen · 2 Eßl. Öl · 4 Eier · Salz · Pfeffer · ½ Teel. geriebene Muskatnuß · ½ Teel. Glutamat

- Zubereitungszeit: 1 Stunde

So wird's gemacht: Den Weißkohl von den äußeren Blättern befreien, den Strunk entfernen. Den Weißkohl waschen und in dünne Streifen schneiden. Die Möhren schälen, die

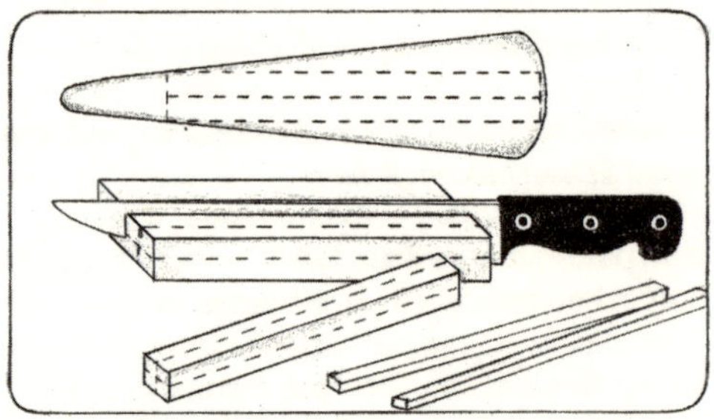

Je feiner Möhren geschnitten werden, um so edler wirken sie als Zutat in den Gerichten.

Zucchini waschen, die Stiele entfernen, die Lauchzwiebeln putzen (Wurzeln entfernen) und samt Lauchstengeln waschen. Alles feinschneiden. Die Zwiebeln und die Knoblauchzehen schälen und feinschneiden. • Das Öl in einem großen Topf erhitzen. Die Zwiebel- und Knoblauchstückchen darin goldbraun braten. Den Weißkohl und die Möhren zufügen und 3 Minuten anbraten. Dann die Zucchini 3 weitere Minuten mitbraten. Die Eier verquirlen und mit den Lauchzwiebeln in den Topf geben. Mehrmals umrühren. Das Gemüse gar schmoren (15 Minuten). • Mit Salz, Pfeffer, der Muskatnuß und dem Glutamat abschmekken.

Das paßt dazu: Weißer Reiß (Rezept Seite 11) und Krabbenbrot (Rezept Seite 19).

Spießchen aus Sojabohnenquark

Satee Tahu

500 g Sojabohnenquark · 2 Knoblauchzehen · ⅛ l süße indonesische Sojabohnensauce (siehe »Besondere indonesische Zutaten und Gewürze«) · Salz · Pfeffer · ½ Teel. Glutamat · ½ Teel. Korianderpulver · 20 Bambusspießchen (oder Schaschlikspießchen)

- Marinierzeit: 1 Stunde
- Vorbereitungszeit: 20 Minuten

So wird's gemacht: Den Sojabohnenquark in 2 cm lange und 1 cm dicke Stücke schneiden. Die Knoblauchzehen schälen und feinschneiden. • Die Sojabohnenquarkwürfel mindestens 1 Stunde in der süßen indonesischen Sojasauce – gewürzt mit Salz, Pfeffer, dem Knoblauch, dem Glutamat und dem Korianderpulver – marinieren. • Inzwischen den Backofen auf 250° vorheizen. Die Sojabohnenquarkwürfel auf die Bambusspießchen geben und 10 Minuten im Backofen backen.

Das paßt dazu: Reis und verschiedene Erdnußsaucen (Rezepte Seite 54, 57).

Kokosnußflocken mit Erdnüssen

Serundeng Kacang

125 g frische Kokosnußraspeln · 1 Teel. Zukker · 1 Prise Glutamat · Salz · 50 g gesalzene Erdnüsse

- Zubereitungszeit: 15 Minuten

So wird's gemacht: Die Bratpfanne bei schwacher Hitze wärmen. Die Kokosnußraspeln hineingeben und unter ständigem Rühren gelbbraun anrösten. Dann mit dem Zucker, dem Glutamat und Salz abschmecken. Zuletzt die gemahlenen Erdnüsse daruntermischen.

Paßt gut zu: Gemüse, Weißem Reis oder Klebreis (Rezept Seite 11 f.). Die Kokosnußflocken mit Erdnüssen werden als Geschmackszutat über das jeweilige Gericht oder den Reis gestreut.

Die Früchte der Sonneninseln mit ihrem aromatischen Geschmack beenden das indonesische Essen mit einem Ausrufezeichen – ! – nach »mehr«. Sie werden meist mit heißem oder kaltem Tee serviert.

Bananenplätzchen

Kue Pisang

5 große Bananen · 200 g Kokosnußraspeln · ½ l Wasser · 100 g Grünsojabohnenmehl (siehe »Besondere indonesische Zutaten und Gewürze«) · 70 g Zucker · 1 Prise Salz · 25 frische Bananenblätter oder Alufolie

- Zubereitungszeit: 1 Stunde
- Zeit zum Kühlen: 1 Stunde

So wird's gemacht: Die Bananen ungeschält 10 Minuten in einem Dampftopf (siehe Seite 7 f.) dämpfen. Herausnehmen und abkühlen lassen. • Die Kokosnußraspeln mit ¼ l heißem Wasser übergießen und zugedeckt abkühlen lassen. Die Kokosnußmilch durch ein Sieb auspressen. • Das Grünsojabohnenmehl, den Zucker und das Salz in einen Topf geben. Gut mit der Kokosnußmilch und dem Wasser verrühren und dann zum Kochen bringen. Ununterbrochen bei schwacher Hitze rühren, bis der Teig glasig (durchsichtig) wird. Vom Herd nehmen. • Die abgekühlten Bananen schälen, je eine Banane in 5 (oder 7–8) Scheiben schneiden. Die Bananenblätter waschen und im heißen Wasser kurz blanchieren. Die Bananenblätter oder die Alufolie in 15 mal 15 cm große viereckige Blätter schneiden. In die Mitte jedes Blattes 1 Eßlöffel Teig geben, darauf 1 Bananenscheibe und nochmals ½ Eßlöffel Teig darübergeben. • Das Blatt zu einem viereckigen Paket zusammenfalten. Mit einem Faden festbinden. • Abkühlen lassen und 1 Stunde in den Kühlschrank geben. • Vorm Servieren auseinanderfalten.

Das paßt dazu: heißer Tee.

Bananen im Backteig

Pisang Goreng

125 g Mehl · 1 Eßl. Zucker · 1 Päckchen Vanillezucker · ½ Päckchen Backpulver · Salz · 4 Eßl. Milch · 6 reife Bananen · ½ l geschmacksneutrales Fritieröl · Puderzucker

- Zubereitungszeit: 45 Minuten

So wird's gemacht: Aus dem Mehl, dem Zukker, dem Ei, dem Vanillezucker, dem Backpulver, Salz und der Milch einen dicken Teig anrühren (von der Beschaffenheit eines Pfannkuchenteiges). • Die Bananen schälen, schräg in 2 oder 3 Stücke schneiden und in dem Teig wenden. • Das Öl im Fritiertopf erhitzen. Die Bananen darin goldgelb backen. Mit Puderzucker bestreuen.

Das paßt dazu: heißer Tee.

Variante: Gebackene Mischfrüchte auf javanische Art (Lempang-Lempung) erhalten Sie, wenn Sie einen Backteig bereiten, wie im Rezept beschrieben, und kleine Würfel von 3 geschälten Bananen und 3 geschälten Äpfeln (Boskop) damit vermischen. Die mit Teig überzogenen Früchte werden löffelweise ins heiße Öl gegeben und fritiert.

Bananenbällchen

Bola Pisang

2 überreife Bananen · 125 g Mehl · 2 Eßl. Zukker · ½ Päckchen Backpulver · 2 Eßl. Milch · ½ l geschmacksneutrales Fritieröl

● Zubereitungszeit: 35 Minuten

So wird's gemacht: Die Bananen schälen und mit einer Gabel zu einem Brei zerdrücken. Mit dem Mehl, dem Zucker, dem Backpulver und der Milch zu einem dicken, festen Teig verarbeiten. Aus dem Teig pflaumengroße Bällchen formen. • Das Öl in einem Fritiertopf erhitzen. Die Bällchen darin goldbraun braten. Mit Puderzucker bestreuen.

Bananen in Blätterteig

Pisang Broodjes

8 Platten tiefgefrorener Blätterteig · 4 reife Bananen · 1 Ei · Zucker

● Zubereitungszeit: 30 Minuten

So wird's gemacht: Die Blätterteigplatten nach Vorschrift auftauen lassen. Die Bananen schälen und der Länge nach halbieren. Den Backofen auf 200° vorheizen. • Die Blätterteigplatten auf einer bemehlten Arbeitsfläche so ausrollen, daß man jeweils 1 Bananenhälfte damit umwickeln kann. Die Bananenhälften mit dem Teig umhüllen und die Wickelpakete mit dem verquirlten Ei bestreichen und mit Zucker bestreuen. • Im Backofen in 20 Minuten goldgelb backen.

Das paßt dazu: heißer Tee und Schlagsahne.

Kokusnußpudding mit Klebreis

Serikaya Ketan

300 g Klebreis · 200 g frische Kokosnußraspeln · ½ l Wasser · 6 Eier · 100 g Kokosnußcreme · 1 Prise Salz · 1 Eßl. brauner Zucker

● Zubereitungszeit: 50 Minuten

So wird's gemacht: Den Klebreis waschen und 3 Minuten abtropfen lassen. • Die Kokosnußraspeln mit dem heißen Wasser übergießen, zugedeckt abkühlen lassen und die Milch durch ein Sieb auspressen. Sie soll dünnflüssig sein. • Die Kokosnußmilch mit dem Klebreis in einen Topf geben und zum Kochen bringen, zudecken und bei schwacher Hitze etwa 25 Minuten köcheln lassen, bis der Reis klebrig weich ist. Die Eier leicht schlagen, mit der Kokosnußcreme und dem Salz gut verrühren. • Den Klebreispudding in eine feuerfeste Puddingschüssel geben. Die Kokosnuß-Eier-Creme darübergießen. 20 Minuten im Wasserbad dämpfen (siehe Dampftopf 7 f.) oder im vorgeheizten Backofen bei 180° backen, bis der Pudding steif wird. • Inzwischen den braunen Zucker mit 2 Eßlöffeln Wasser kochen, bis er sich aufgelöst hat und ein Sirup entstanden ist. • Den Pudding kalt stellen. Beim Servieren mit Zuckersirup begießen.

Indonesische Menüs

Ein indonesisches Essen unterscheidet sich in mancherlei vom europäischen Menü. Wie schon im Kapitel über die indonesischen Tischsitten beschrieben, steht der Reis im Mittelpunkt der Mahlzeit. Alle Speisen kommen meist gleichzeitig auf den Tisch. Man bedient sich nach Belieben, nimmt von den einzelnen Gerichten in kleinen Portionen und probiert sie zusammen mit etwas Reis. Eine bestimmte Reihenfolge wird dabei nicht eingehalten. Bei den Menüvorschlägen dieses Kapitels handelt es sich also im strengen Sinne nicht um Mahlzeiten mit mehreren aufeinanderfolgenden Gängen. Dennoch spricht nichts dagegen, wenn Sie die Speisen zum Reis in gewohnter Menüfolge nach europäischer Sitte nacheinander auftragen. Servieren Sie dann aber die Gänge möglichst rasch hintereinander, damit Sie im Laufe des Essens alsbald alle Gerichte – bis auf den Nachtisch – gleichzeitig auf dem Tisch stehen haben. Um Ihnen einen Anhaltspunkt zu geben, welche indonesischen Gerichte man als Vorspeise und welche als Hauptgericht betrachten kann, habe ich mich bei der Kapiteleinteilung dieses Buches von den Gegebenheiten des europäischen Menüs leiten lassen.
Wenn Sie die große Reistafel für 12 und die übrigen Menüs für 4 Personen zubereiten, reicht bei den jeweiligen Gerichten die Hälfte der in den Rezepten angegebenen Mengen gut aus.

Große Reistafel · (Selamatan)
mindestens 12 Gerichte – mit viel Zeitaufwand und Arbeit verbunden.
Für 12–24 Personen
Weißer Reis (S. 11) · Krabbenbrot (S. 19) · Schweinefleisch in Sojasauce (S. 14) · Gado-Gado-Salat (S. 15) · Scharf gewürztes Paprikahuhn (S. 50) · Makrele mit Basilikum (S. 44) · Mais-Frikadellen (S. 21) · Krabben in der Folie (S. 48) · Gemüsetopf (S. 60) · Chinesische Nudeln auf indonesische Art (S. 16) · Gegrillte Lammspießchen (S. 37) · Gulasch Sumatra (S. 42) · Bananen im Backteig (S. 62)

Kleine Reistafel · (Selamatan)
Für 4–8 Personen
Weißer Reis (S. 11) · Krabbenbrot (S. 19) · Gado-Gado-Salat (S. 15) · Gegrillte Schweinespießchen (S. 36) · Arabischer Pfannkuchen (S. 39) · Scharfes Huhn mit Zitronenblättern (S. 53) · Bananen im Backteig (S. 62)

Menü für alle Tage (1. Beispiel)
Für 4–8 Personen
Weißer Reis (S. 11) · Hühnersuppe mit Glasnudeln (S. 24) · Knoblauchhuhn in süßer Sojasauce (S. 50) · Exotischer Gemüsesalat (S. 32) · Krabben in der Folie (S. 48) · Bananen in Blätterteig (S. 63)

Menü für alle Tage (2. Beispiel)
Für 4–8 Personen
Glasnudelsuppe (S. 22) · Gebratener Reis (S. 14) · Krabbenbrot (S. 19) · Gado-Gado-Salat (S. 15) · Bananenplätzchen (S. 62)

Vegetarisches Menü (1. Beispiel)
Für 4–8 Personen
Weißer Reis (S. 11) · Arabischer Gemüsepfannkuchen (S. 59) · Gemüsetopf (S. 60) · Kokosnußflocken mit Erdnüssen (S. 61) · Kokosnußpudding mit Klebreis (S. 63)

Vegetarisches Menü (2. Beispiel)
Für 4–8 Personen
Weißer Reis (S. 11) · Suppe mit gefülltem Sojabohnenquark (S. 24) · Indonesisches Omelette (S. 34) · Gado-Gado-Salat (S. 15) · Bananen im Backteig (S. 62)

Vegetarisches Menü (3. Beispiel)
Für 4–8 Personen
Weißer Reis (S. 11) · Spießchen aus Sojabohnenquark (S. 61) · Exotischer Gemüsesalat (S. 32) · Indonesisches Omelette (S. 34) · Gebackene Mischfrüchte auf javanische Art (Variante von Bananen im Backteig S. 62)

Besondere indonesische Zutaten und Gewürze

In den Rezepten dieses Buches habe ich die indonesischen Zutaten und Gewürze mit ihren deutschen Namen aufgeführt, damit Sie bei der Lektüre rasch eine Vorstellung von der Zusammensetzung der einzelnen Gerichte gewinnen können. In den Kaufhäusern und den asiatischen Fachgeschäften sind die Packungen meist mit indonesischen Bezeichnungen beschriftet. Die Apotheken wiederum, in denen man mancherlei asiatische Gewürze in Pulverform bekommen kann, führen sie unter lateinischer Bezeichnung. Um Ihnen eine Einkaufshilfe zu geben, habe ich in diesem Kapitel in Klammern die indonesischen und gegebenenfalls auch die lateinischen Bezeichnungen vermerkt. Falls Sie Schwierigkeiten haben, bestimmte indonesische Zutaten und Gewürze zu bekommen, können Sie bei den meisten Rezepten auf Herkömmliches ausweichen oder einfach auf die Zutat verzichten.

Bambusspießchen (Tusuk Satee): in Bündeln (60–100 Stück) erhältlich. Man kann ersatzweise auch Holz- oder Schaschlikspießchen verwenden.
Boemboe Goelee (oder Bumbu Gulai): indonesische Gewürzmischung aus 12 verschiedenen Gewürzen. In der Packung erhältlich. Für Lammgerichte geeignet.
Bumbu Bali: Gewürzmischung für Fisch- und Schweinefleischgerichte. Im Päckchen (20 g) erhältlich.
Bambu Bali Pangang: Gewürzmischung für gebratenes Schweinefleisch. Im Päckchen (20 g) erhältlich.
Bumbu Kare Java: Gewürzmischung für Curry-Gerichte. Im Päckchen (20 g) erhältlich.
Bumbu Rujak: Gewürzmischung für Huhn und Fisch. Im Päckchen (22 g) erhältlich.
Curry (Kare): Gewürzmischung aus Gelbwurz, Koriander, Kreuzkümmel, Gewürznelken, Ingwer, Zimt, Muskatnuß, Kardamom, Zitronengras usw. Zum Würzen von Suppen, Saucen, Huhn und Fisch geeignet.
Erdnußpaste (Sambal Kacang): Erdnußpaste. Als getrockneter Block oder als Erdnußmus erhältlich. Vor dem Gebrauch in kochendem Wasser auflösen.

Sie können auch zerstoßene geröstete Erdnüsse verwenden.
Fischsauce: eine beliebte Gewürzsauce in der asiatischen Küche (vor allem der thailändischen und vietnamesischen). Geeignet zum Würzen von Reis-, Geflügel-, Fleisch-, Fisch- und Eiergerichten. In Flaschen oder Dosen erhältlich.
Galgantwurzel (Laos, Langkwas oder Lankuwas – lat. Alpina Galanga): Gewürz aus der Familie der Ingwergewächse. Verwendet werden nur die Wurzelstöcke. Galgant ist frisch, getrocknet oder in Pulverform erhältlich. Frisch verwendet wird er sauber geputzt, gewaschen, in Scheiben geschnitten und zum Würzen den Speisen beigegeben. Vor dem Servieren wird er wieder entfernt. Für Reis-, Fisch-, Fleisch- und Wildgerichte, für Salat und Gemüse geeignet.

In der Arzneimittelkunde gilt er als Magen- und Darmmittel. Er wirkt gegen Blähungen und fördert die Verdauung.

Die Galgantwurzel ist ein wichtiges Gewürz der indonesischen Küche und kann durch Zitronenschale ersetzt werden.
Gelbwurz oder Kurkuma (Kunjit oder Kunir – lat. Curcuma longa): gelbe Wurzelstöcke. Sie werden frisch, getrocknet oder in Pulverform verwendet. Gelbwurz, ein wichtiges Grundgewürz für Currypulver, braucht man zum Würzen von Leber-, Geflügel-, Fleisch-, Fisch- und Gemüsegerichten. Auch für scharfe helle Saucen, Rührei und Omelette ist es geeignet.

In der Volksmedizin gilt es als Heilmittel gegen Magen-, Nieren- und Gallenbeschwerden. Äußerlich wird es als Desinfektionsmittel angewendet.

Gelbwurz – nicht zu verwechseln mit dem Gewürz Safran – ist in der indonesischen Küche unabdingbar.

Glutamat (Vet-sin): chinesisches Würzmittel. Es wird in der indonesischen Küche gerne verwendet. Man kann Glutamat, wie es erfahrene Köche tun, durch Fleischbrühe und Zucker ersetzen.

Glasnudeln (Soeoen): in Packungen erhältlich. Sie bestehen aus Mungabohnenmehl und Tapiokamehl. Für Suppen- und Gemüsegerichte und als Beilage zu Fleischspeisen geeignet.

Grünsojabohnen (Katjang Idjo): auch Mungabohnen genannt. Sie enthalten sehr viel Eiweiß und Vitamin B. Mit Grünsojabohnen züchtet man Sojabohnenkeimlinge. Aus ihnen wird das Grünsojabohnenmehl (Hoenkwe) hergestellt.

Grünsojabohnenmehl (Hoenkwe): Produkt aus Grünsojabohnen. In der Packung erhältlich (500 g). Für Süßspeisen (Pudding) geeignet.

Ifu-Mi: fertig fritierte chinesische Nudeln. Werden vor dem Gebrauch im Backofen aufgewärmt und knusprig gemacht. Mit Saucen servieren.

Ingwer (Djahe – lat. Zingiber officinale): als frische Wurzel, eingelegt, kandiert oder in Pulverform erhältlich. Der scharfe würzige Geschmack paßt gut zu Geflügel-, Fleisch- und Fischgerichten, aber auch zu Obstsalat (aus Äpfeln und Bananen) und zu Kompott.

Ingwer wird in Asien als Arznei bei Schwellungen, Kopfweh und Rheuma angewendet.

Kardamom (lat. Amomom cardamomum): Die Kardamompflanze ist eine in den tropischen Regenwäldern Indiens, Sri Lankas, Sumatras und Chinas beheimatete Staude aus der Familie der Ingwergewächse. Kardamomkörner sind im Orient ein beliebtes und weit verbreitetes Gewürz. Für Pasteten und gegrillte Fleischgerichte geeignet.

Kemirinüsse (lat. Aleuritis molucana): indonesische, den Haselnüssen ähnliche Nüsse, aber runder. Die Schale ist äußerst hart, so daß man zum Öffnen einen Hammer benötigt. Die geschälten Nüsse werden schnell ranzig. Daher luftdicht aufbewahren! Meist in Gewürzpackungen erhältlich.

Man kann Kemirinüsse auch durch Haselnüsse ersetzen.

Kentjur (lat. Kaempfenia rotunda): stark aromatische Wurzel. Für Fleisch und Gemüse geeignet. In geringen Mengen verwenden.

Klebreis: In der Packung erhältlich. Eine besondere Art von Reis, länglich- oder rundkörnig; enthält sehr viel Milch und Saft. Er ist ähnlich wie Milchreis, er wird aber beim Kochen nicht milchig weiß, sondern durchsichtig, weich und klebrig. Der Klebreis ist teurer als normaler Reis, sättigt schneller und ist magenfreundlich. Er wird von Asiaten gern zu besonderen festlichen Anlässen angeboten. Er ist nicht so leicht zuzubereiten wie weißer Reis. Am besten wird er nach dem Waschen gedämpft. Im Wasser gekocht, braucht er weniger Wasser und hat eine kürzere Garzeit. Für 500 g Klebreis benötigt man ⅝ l Wasser. 15 Minuten kochen und garen lassen. Der Klebreis braucht nur einmal aufzukochen.

Klebreismehl (Tepong Ketan): In der Packung (500 g) erhältlich. Für die Herstellung von Kuchen und Süßspeisen (Pudding) geeignet.

Kokosfett: aus dem Öl des Kokossamen gewonnen. In Plastikbehältern (wie Margarine) angeboten. In der Packung (250 g) erhältlich. Zum Backen und Braten verwendbar.

Kokosnuß: Frucht der Kokospalme mit steinharter Schale. In der Nuß befindet sich unter der harten Schale das Fruchtfleisch und innen das Fruchtwasser. Machen Sie beim Einkauf die Schüttelprobe! Bei frischen Früchten müssen Sie das Wasser hören können. Die Schale ist so hart, daß sie sich nur mit Hammer und Meißel oder mit einer Säge öffnen läßt. Wer ganz sicher gehen will, daß er dabei das Fruchtwasser nicht verschüttet, kann zuvor die Schale durchbohren – am besten bei den Keimlöchern – und die Flüssigkeit herausfließen lassen. – **Kokosnußcreme** (in Packungen von 250 g erhältlich), **Kokosnußmilch** (in Dosen von 100–200 g) und **Kokosnußraspeln** (in Packungen von 100–200 g) erhältlich. Siehe auch Seite 9.

Die Kokosnuß hat auf der einen Schalenhälfte Keimlöcher und auf der anderen Hälfte eine Bruchlinie. Zunächst durchbohrt man mit einem Schraubenzieher die Keimlöcher, um das Fruchtwasser aufzufangen, dann klopft man mit einem Hammer so lange auf die Bruchlinie, bis sich die Nuß öffnen läßt.

Koriander (Ketumbar – lat. Coriandrum sativum): ein beliebtes Gewürz für Fleischspeisen. Koriandergrün ist in Asien so bekannt wie in Europa die Petersilie. Es wird als aromatische Geschmackszutat für Suppen, Salate, Fleisch und Fisch, aber auch zum Garnieren verwendet. Nie für Süßspeisen benutzen!

Die Gewürzkörner werden vor dem Gebrauch zerstampft.

Krabbenbrot (Krupuk Udang): indonesisches Krabbenbrot, ungebacken oder gebacken auf dem Markt. Als getrocknete Scheiben in der Packung erhältlich. Verwendung siehe Rezept Seite 19.

Kreuzkümmel oder römischer Kümmel (Djintan – lat. Cuminum cyminum): als Gewürz getrocknet oder gemahlen verwendet. Ganze Früchte sind graugrün, gemahlener Kreuzkümmel ist grünlichbraun. Als Gewürz oder Bestandteil von Würzmischungen ist Kreuzkümmel in Indonesien sehr beliebt. Für die indonesische Reistafel ist er unbedingt erforderlich.

Laksagewürz: eine Gewürzmischung für Hähnchengerichte. Im Päckchen (12–20 g) oder in der Schachtel (100 g) erhältlich.

Lorbeerblatt, indonesisches (Daun salam – lat. Eugenia polyantha): wörtlich übersetzt »heiliges Blatt«. Der Geruch entwickelt sich erst beim Kochen. In der indonesischen Küche für Fisch-, Fleisch- und Hühnergerichte unbedingt erforderlich.

Morcheln: getrocknete schwarze Pilze. Vor dem Gebrauch in heißem Wasser einweichen, dann sauber putzen und entstielen. Für Omelette, Gemüse- und Fleischgerichte geeignet.

Ngo Huang: chinesische Gewürzmischung (Wu Chian Fen) aus 5 Gewürzpulvern: schwarze Pfefferkörner, Sternanis, Fenchelsamen, Gewürznelken und Zimtstangen. Geeignet für Geflügel- und Fleischgerichte.

Nudeln, chinesische (Bakmie): Nudelsorten aller Art. Frisch oder getrocknet erhältlich. Sie sind dünner und härter als deutsche Nudelerzeugnisse.

Nußbrot (Emping Blindjo): Krupuk aus Nüssen. Ungebacken oder gebacken erhältlich.

Peperoni (Tjabe oder Lombok): Man unter-

scheidet rote Pfefferschoten (Lombok Merah), grüne Pfefferschoten (Lombok Idjo), kleine Pfefferschoten (Tjabe Rawit). Sie sind in Indonesien, dem Land der scharfen Gewürze, sehr beliebt. Mit den roten Pfefferschoten lassen sich Speisen besonders pikant würzen. In Indonesien werden die Pfefferschoten frisch gekauft und in der Küche im Steinmörser zerrieben. In Deutschland sind Peperoni frisch oder in Gläsern zu kaufen.
Pilze, dunkelbraune chinesische (Toong Gu): den Steinpilzen ähnliche Hutpilze. In Europa getrocknet erhältlich. Wegen ihres intensiven Aromas auch Duftpilze genannt. Eine Delikatesse der chinesischen Küche.
Reismehl (Tepong Beras): In der Packung (500 g) erhältlich – auch im Reformhaus. Ähnlich wie Weizenmehl verwendbar; vor allem für Pfannkuchenteig.
Reisnudeln (Bihun): von Glasnudeln zu unterscheiden, der Faden sieht milchig aus.
Rendanggewürz: Gewürzpackung aus Rendang. Im Päckchen (20–22 g) erhältlich. Für Rindfleischgerichte geeignet.
Rettich, getrockneter (Tong-Tjai): Im Päckchen oder in Dosen erhältlich. Für Suppen und vegetarische Gerichte geeignet.
Rindfleischbällchen (Bakso): in indonesischen Spezialgeschäften tiefgefroren zu bekommen. Sie bestehen aus sehr fein durchgedrehtem Hackfleisch, das mit Salz, Pfeffer und Sojasauce gewürzt und mit Mehl gebunden wird.
Rohrzucker (Gula Djava): aus Java kommender unraffinierter Zucker. Durch braunen Zucker ersetzbar.
Röstzwiebeln: Im Päckchen (10 g, 20 g oder 100 g) erhältlich. Man kann sie auch selbst herstellen (Seite 31). Auf Vorrat zubereitet und weich geworden, können sie im vorgeheizten Ofen kurz geröstet werden.
Sambal Olek: Würzsauce, in Fläschchen erhältlich. Vorsichtig würzen, da die Sauce sehr scharf ist.
Shrimpspaste (Trasi): getrocknet oder als Würfel erhältlich. Vor Gebrauch in Wasser einweichen. Verleiht dem Gericht einen starken Fischgeschmack, der nicht jedem Europäer gefällt. – **Sambal Trasi** ist mit Sambal versetzte, scharfe Shrimpspaste. Getrocknet als Block oder als Paste im Glas erhältlich. Ebenfalls vor Gebrauch in heißem Wasser einweichen.
Sojabohnenkäse (Taotjo): in Gläsern oder Dosen erhältlich. Sehr scharf. Für Saucen und Grillmarinaden geeignet.
Sojabohnenkeimlinge (Taugé – chines. Lunja): in der Packung frisch oder in der Dose gekocht erhältlich. Reich an Vitaminen. Man verwendet sie frisch als Salat oder gekocht als Gemüse.
Sojabohnenquark (Tahu, Tufu oder Tofu) aus Sojabohnenmilch hergestellt. Man bekommt ihn im Spezialgeschäft frisch zubereitet. Am besten bestellt man ihn einen Tag zuvor. Sojabohnenquark ist auch in Dosen erhältlich.
Sojabohnenpaste: in Salz eingelegter Sojabohnenquark. In asiatischen Spezialgeschäften in Dosen oder im Glas erhältlich.
Sojabrot (Tempe): angebratener Sojabohnenquark.
Sojasauce: für nahezu alle Speisen verwendbar. Sie wird in einem komplizierten Gärungsverfahren, das mehrere Jahre dauert, aus Sojabohnen gewonnen. – Man unterscheidet: **chinesische Sojasauce** (Kecap Asin) hell oder schwarz, dickflüssig und salzig; **japanische Sojasauce** (Kikoman), dünnflüssig und relativ neutral im Geschmack; **süße indonesische Sojasauce** (Kecap Manis), ein wenig dickflüssig, in Fläschchen erhältlich – sie kann durch japanische Sojasauce, die mit Zucker gesüßt werden muß, ersetzt werden.

Soto Ajam: spezielles indonesisches Gewürz für Hühnersuppen. In Päckchen (12–20 g) oder in Schachteln (100 g) erhältlich.
Soto Madura: Suppengewürz von der Insel Madura. In Päckchen (12–20 g) oder in Schachteln (100 g) erhältlich.
Sternanis (Badian – lat. Illicum verum): Der Name weist auf die sternartige Form und das anisartige Aroma der Frucht hin. Sternanis schmeckt jedoch schärfer und bitterer als normaler Anis. Wird zum Würzen für Schweinefleisch, Rindfleisch, Huhn, Gans und Ente verwendet. Vor allem bei Gerichten, die lange kochen (Rindfleischsuppen, Rindsgulasch, geschmorte Schweinefleischgerichte), sollte Sternanis verwendet werden.
Tamarinde, Tamarindenmus (Asam): eine süßsaure Frucht. Sie hat eine ähnliche Form wie breite Bohnen. Ihre Hülsen sind braun. Nach der Ernte werden die spröden, dünnen Hülsen und die braunen, glänzenden, viereckigen Samen entfernt. Dann kann man das Mus der Tamarinde herausnehmen. Es ist in asiatischen Spezialgeschäften als getrockneter Block oder als Mus erhältlich. Vor Gebrauch mit heißem Wasser einweichen und die Sauce durchsieben. In der indonesischen Küche wird Tamarinde statt Zitrone verwendet.

In der Arzneimittelkunde gilt die Tamarinde als leichtes Purgativ und Blutreinigungsmittel. Weitere Informationen zur Tamarinde siehe Seite 10.
Temukuntji (Kaempferia – lat. Gastrochilus padura): zum Würzen von Fleisch- und Gemüsegerichten in kleinen Mengen verwenden.
Wan-Tan-Teig: frisch oder tiefgefroren als kleine viereckige Platten erhältlich. Eine Pakkung Wan-Tan-Teig enthält 60–100 Platten. Man kann ⅓ oder ⅔ davon verwenden – je nach Bedarf – und den Rest im Tiefkühlfach aufbewahren. Man kann statt Wan-Tan-Teig auch Strudelteig verwenden.
Zitronenblatt (Daun Djeruk Purut oder Daun Jeruk): frisch oder getrocknet in asiatischen Spezialgeschäften zu bekommen. Kann eventuell durch Zitronenschale oder durch Orangenschale ersetzt werden.
Zitronengras (Sereh – lat. Cymbopogon flexuosus): wird frisch oder getrocknet verwendet. Hervorragend geeignet für Fischmarinaden und Grillgerichte. Zitronengras ist in den nach Europa exportierten Gewürzpasten Erdnußpaste (Sambal Kacang) und Shrimpspaste (Sambal Trasi) enthalten. Mit frischem oder getrocknetem Zitronengras gewürzte Speisen schmecken sehr aromatisch und pikant – besonders Grillgerichte. Zitronengras gibt es in asiatischen Spezialgeschäften als frische Stangen oder getrocknet und kleingehackt. In Pulverform wird es in Apotheken geführt.

Rezept- und Sachregister

Die *kursiv* gesetzten Seitenzahlen verweisen auf die Farbbilder.

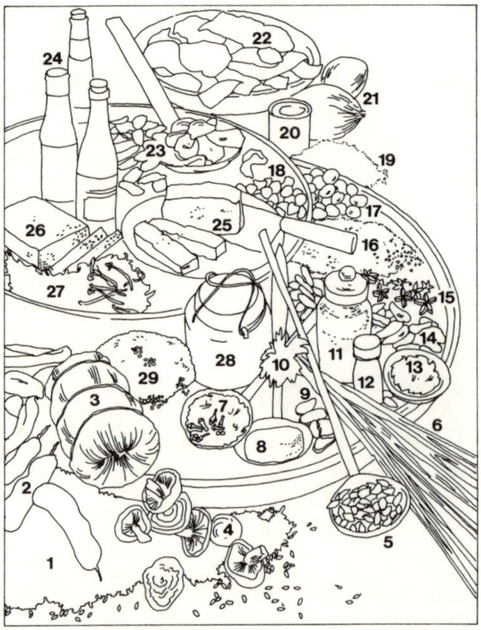

Reich an Gewürzen ist die indonesische Küche eine Herausforderung für experimentierfreudige Köche und Köchinnen.
1 Klebreis · 2 Tamarinden, frische · 3 Reisnudeln (Bihun) · 4 Toong-Gu-Pilze · 5 Kardamom · 6 Zitronengras · 7 Nelken · 8 Galgantwurzel, gemahlen · 9 Galgantwurzel, getrocknet · 10 Koriandergrün (Cilantro) · 11 Glutamat (Vet-sin) · 12 Sambal Olek · 13 Rendanggewürz · 14 Gelbwurz · 15 Sternanis · 16 Koriandderkörner · 17 Muskatnüsse · 18 Kemirinüsse · 19 Kokosnußraspeln · 20 Kokosnußmilch · 21 Kokosnüsse · 22 Krupuk aus Krabben (Krabbenbrot) · 23 Krupuk aus Fisch · 24 Sojasaucen, verschiedene; hell, dunkel und süß · 25 Sojabohnenquark, frisch – Beancurd · 26 Sojabrot (Tempe) · 27 Sojabohnenkeimlinge, frische · 28 Sojabohnenquark · 29 Grünsojabohnen